Metodologia
do Ensino de

Matemática e Física

Os livros que compõem esta coleção trazem uma abordagem do ensino de Matemática e Física que objetivam a atualização de estudantes e professores, tendo em vista a realização de uma prática pedagógica de qualidade. Apoiando-se nos estudos mais recentes nessas áreas, a intenção é promover reflexões fundamentais para a formação do profissional da educação, em que a pesquisa tem papel essencial. Além de consistência teórica, as obras têm como princípio norteador a necessidade de a escola trabalhar com a aproximação entre os conceitos científicos ensinados e a realidade do aluno.

Volume 1
Didática e Avaliação: Algumas Perspectivas da Educação Matemática

Volume 2
Didática e Avaliação em Física

Volume 3
Professor-Pesquisador em Educação Matemática

Volume 4
Professor-Pesquisador no Ensino de Física

Volume 5
Tópicos de História da Física e da Matemática

Volume 6
Jogos e Modelagem na Educação Matemática

Volume 7
Tópicos Especiais no Ensino de Matemática: Tecnologias e Tratamento da Informação

Volume 8
Física Moderna: Teorias e Fenômenos

Otto Henrique Martins da Silva

Professor-Pesquisador no Ensino de Física

Informamos que é de inteira responsabilidade do autor a emissão de conceitos.

Nenhuma parte desta publicação poderá ser reproduzida por qualquer meio ou forma sem a prévia autorização da Editora InterSaberes.

A violação dos direitos autorais é crime estabelecido na Lei nº 9.610/1998 e punido pelo art. 184 do Código Penal.

Av.: Vicente Machado, 317 – 14º andar
Centro . CEP 80420-010 . Curitiba . PR . Brasil
Fone: (41) 2103-7306
www.editoraintersaberes.com.br
editora@editoraintersaberes.com.br

Conselho editorial
Dr. Ivo José Both (presidente)
Drª. Elena Godoy
Dr. Nelson Luís Dias
Dr. Ulf Gregor Baranow

Editor-chefe
Lindsay Azambuja

Editor-assistente
Ariadne Nunes Wenger

Editor de arte
Raphael Bernadelli

Análise de informação
Adriane Beirauti

Revisão de texto
Monique Gonçalves

Capa
Denis Kaio Tanaami

Projeto gráfico
Bruno Palma e Silva

Diagramação
Mauro Bruno Pinto

Iconografia
Danielle Scholtz

Dados Internacionais de Catalogação na Publicação (CIP)
(Câmara Brasileira do Livro, SP, Brasil)

Silva, Otto Henrique Martins da
    Professor-pesquisador no ensino de física / Otto Henrique Martins da Silva. – Curitiba: InterSaberes, 2013. – (Coleção Metodologia do Ensino de Matemática e Física; v. 4).

    Bibliografia.
    ISBN 978-85-8212-598-4

    1. Física – Estudo e ensino 2. Pesquisa educacional 3. Prática de ensino 4. Professores – Formação profissonal I. Título. II. Série.

12-10018   CDD-370.72

Índice para catálogo sistemático:
1. Ensino e pesquisa: Física   370.72

Foi feito o depósito legal.

1ª edição, 2013.

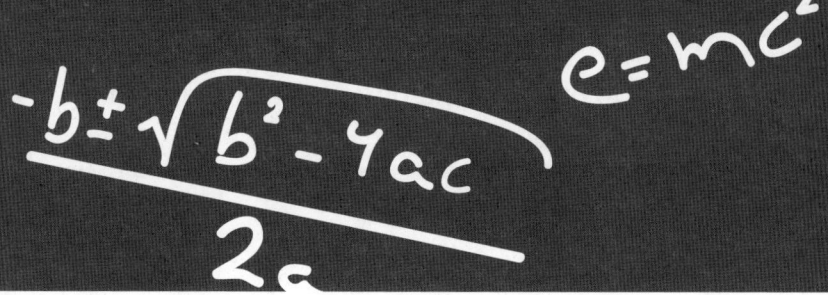

Sumário

Apresentação, 9

Introdução, 13

Introdução à pesquisa científica nas ciências naturais e sociais, 17

    1.1   Os métodos nas ciências naturais e sociais, 19

    1.2   A pesquisa qualitativa, 24

    1.3   A proposta de ação investigativa, 33

Síntese, 34

Atividades de Autoavaliação, 35

Atividades de Aprendizagem, 37

Uma busca pelo objeto de pesquisa: contexto e conflitos, 39

2.1   O pré-projeto de pesquisa, 41

2.2   O problema de pesquisa, 47

2.3   O projeto de pesquisa, 49

2.4   O trabalho final, 51

Síntese, 52

Atividades de Autoavaliação, 53

Atividades de Aprendizagem, 55

Pesquisas em ensino de ciências, 57

3.1   Ensino de Ciências e de Matemática, 59

3.2   Objetivos dos programas, 61

3.3   Linhas e projetos de pesquisas, 65

3.4   Produções bibliográficas, 67

Síntese, 71

Atividades de Autoavaliação, 71

Atividades de Aprendizagem, 75

A constituição do conceito de campo elétrico, 77

4.1   Origens e concepções primárias dos fenômenos elétricos, 80

4.2   A quebra da simetria e o conceito de campo, 85

Síntese, 94

Atividades de Autoavaliação, 95

Atividades de Aprendizagem, 97

A essência do conceito de campo elétrico formulado por Faraday, 99

5.1   A linguagem de Faraday, 101

5.2   O conceito atual de campo elétrico, 106

Síntese, 109

Atividades de Autoavaliação, 109

Atividades de Aprendizagem, 112

Uma análise segundo alguns aspectos da transposição didática, 113

6.1   O conceito de transposição didática, 115

6.2   Distância entre o objeto do saber e o objeto de ensino, 117

6.3   Despersonalização e descontextualização do saber a ensinar, 119

6.4   O campo elétrico no âmbito da ciência física e da física escolar, 122

Síntese, 129

Atividades de Autoavaliação, 130

Atividades de Aprendizagem, 132

Considerações finais, 133

Referências, 135

Bibliografia comentada, 143

Gabarito, 145

Nota sobre o autor, 157

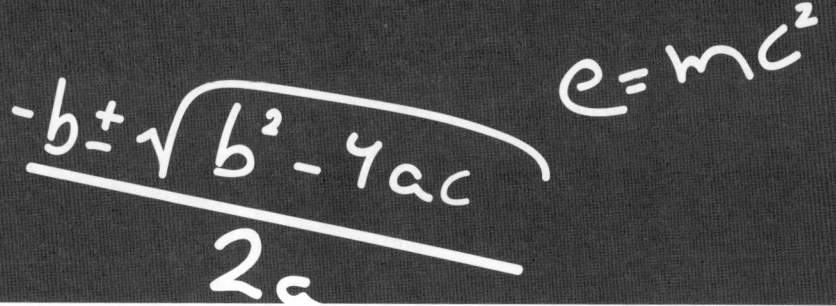

Apresentação

Esta obra apresenta três objetivos principais. O primeiro deles é proporcionar uma iniciação ao professor da escola básica em atividades de pesquisa educacional, por meio de uma perspectiva fundamentada na ação investigativa do professor-pesquisador*. O segundo é informar

---

* Considerando que o termo *professor-pesquisador* pode estar vinculado a concepções investigativas, como professor-reflexivo, pesquisa-ação, pesquisa participativa, professor-pesquisador, investigação-ação etc., esta obra o define como a ação fundamentada em pressupostos teórico-metodológicos que prevê a inserção do professor em um programa institucional de pesquisa educacional, desenvolvendo atividades investigativas no campo da educação.

acerca do cenário dos cursos de pós-graduação *stricto sensu* no Brasil, voltados à área de ensino de ciências e matemática e credenciados pela Coordenação de Aperfeiçoamento de Pessoal de Nível Superior (Capes). O terceiro é proporcionar ao docente uma maior aproximação com o contexto da pesquisa científica, por meio de relatos de experiências e de atividades de pesquisa associadas à prática educativa. Assim, em conjunto com a atuação do professor-pesquisador, é desenvolvida uma AÇÃO INVESTIGATIVA fundamentada em proposições, com a utilização de dois recursos: a abordagem histórica e epistemológica e a transposição didática como instrumento de análise. Para essa ação, a constituição do conceito de campo elétrico na ciência física e na física escolar é utilizada como foco de um problema de pesquisa.

Para alcançar o objetivo proposto, o primeiro capítulo deste livro, "Introdução à pesquisa científica nas ciências naturais e sociais", busca proporcionar ao leitor uma visão geral sobre o método nas ciências naturais e sociais. No caso das naturais, é feita uma rápida retomada das concepções de alguns métodos de pesquisa que apareceram ao longo do desenvolvimento da ciência, tais como as indutivistas, as dedutivistas, a positivista e a materialista. Em relação à pesquisa qualitativa, é discutida a sua natureza, sendo expostas as principais críticas a esse método e, finalmente, é feito um breve planejamento desse tipo de pesquisa.

O relato de experiência "Uma busca pelo objeto de pesquisa: contexto e conflitos", presente no segundo capítulo, mostra o contexto e os conflitos presentes no processo de construção de um objeto de investigação que se inicia com um pré-projeto e, evoluindo, transforma-se em um projeto e, finalmente, em um trabalho final. Durante esse relato, o foco presente na discussão é a **construção do objeto de pesquisa**.

O terceiro capítulo, "Pesquisas em ensino de ciências", por sua vez, faz uma incursão pelas propostas de pesquisas desenvolvidas nos programas de pós-graduação no Brasil em 2006 e na área de Ensino de

Ciências e Matemática da Capes. Considerando os objetivos do programa, as linhas e os projetos de pesquisa, as produções bibliográficas e os trabalhos de teses e dissertações, como também uma temática específica, é realizada uma análise para alguns programas e são apresentadas algumas produções bibliográficas.

No quarto capítulo, "A constituição do conceito de campo elétrico", é realizada uma abordagem histórica e epistemológica sobre a construção do conceito de campo elétrico na ciência física. São apresentadas as primeiras concepções sobre os fenômenos relacionados à eletricidade e à forma como se pensava que ocorriam as interações físicas entre corpos a distância. Nessa construção, você terá discussões sobre a problemática das interações físicas, segundo a concepção mecanicista e com a ressalva de Newton sobre essas primeiras concepções.

Seguindo a construção iniciada no capítulo anterior, no quinto capítulo, "A essência do conceito de campo elétrico formulado por Faraday", é mostrado como as ideias de Faraday influenciaram Maxwell na compreensão do conceito de campo e na elaboração da teoria eletromagnética. No capítulo, também são trazidos comentários de Maxwell sobre os métodos de Faraday e de Ampère, no qual ressaltam a importância do trabalho do primeiro e uma abordagem do conceito atual de campo elétrico na literatura.

No sexto capítulo, "Uma análise segundo alguns aspectos da transposição didática", são feitas uma abordagem dos conceitos e implicações da transposição didática e, em seguida, uma análise por meio de alguns elementos da teoria da transposição didática, tendo como referência os textos descritos no quarto e no quinto capítulos. Essa análise tem por objetivo mostrar ao professor de Física a distinção entre os conhecimentos científico e escolar e as suas especificidades e, principalmente, a possibilidade de desenvolver textos de ensino com mais informações acerca da sua gênese, filiação, contextualização histórica e problemáticas ou embates em que estes estavam envolvidos quando foram criados.

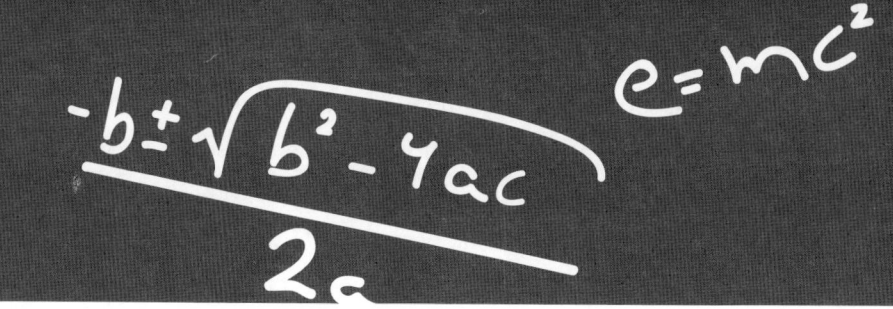

Introdução

Em discursos sobre formação docente e na fala dos próprios pesquisadores, parece ser consenso que a prática da pesquisa é fundamental na formação profissional do professor, inclusive como uma atividade permanente no trabalho docente. Deve-se tal importância a vários fatores, entre eles, o aprofundamento teórico-metodológico do conhecimento, desenvolvido próximo ou paralelamente à prática pedagógica, para o qual a atividade de pesquisa pode levar. Há, no entanto, críticas sobre a legitimidade da pesquisa realizada pelos profissionais da educação básica, porém, para que seja devidamente reconhecida pela comunidade científica, é necessário o estabelecimento de critérios. Outras questões inerentes a essa discussão têm sido formuladas, como sobre as condições de realização da pesquisa por parte do professor ou sobre a natureza dela, isto é, que modalidade de pesquisa está vinculada a tal atividade. Enfim, essas e outras questões relacionadas à formação docente – cuja discussão foge aos objetivos desta obra – devem ser amplamente discutidas na academia e, principalmente, com os mais interessados neste aspecto: os professores da educação básica. Entre as razões que apontam para essa necessidade, duas têm grande importância: a academia ter o *know-how* da pesquisa educacional e ser o espaço da produção de conhecimento, e a escola possuir o *know-how* da prática pedagógica e ser o espaço da aplicação do conhecimento produzido pela pesquisa.

O embate frequente entre os pesquisadores em educação e os professores da educação básica tem sido usado como argumento para contrapor os resultados das pesquisas educacionais à sua utilidade em sala de aula. É comum ocorrerem críticas dos dois lados, seja mediante profissionais da escola, quando dizem que as pesquisas não correspondem à realidade escolar, seja mediante pesquisadores, quando dizem não terem "fórmulas mágicas" para solucionar os problemas do cotidiano escolar de forma imediata. Essa dicotomia não contribui de forma positiva para a educação básica, porém a aproximação entre escola e universidade, por meio da ação investigativa do professor-pesquisador, poderá proporcionar grandes benefícios à educação no desenvolvimento de projetos voltados exclusivamente para a escola, tendo como protagonista dessa ação o profissional de educação.

Para que o professor-pesquisador desenvolva pesquisa científica ou atividades que possam ser compreendidas como pesquisas na área de educação, é necessário que ele esteja preparado e que possa ser orientado por um pesquisador e/ou instituição. A sua significativa experiência de docência geralmente não é suficiente, pois a formação inicial não prepara o docente para assumir uma postura de pesquisador. Portanto, esta obra vem ao encontro dos professores que desejam iniciar atividades de pesquisa em educação na área de ensino de ciências.

Assim, convido você à leitura deste livro, com o qual tomará contato, ao mesmo tempo, com a pesquisa e com o ensino.

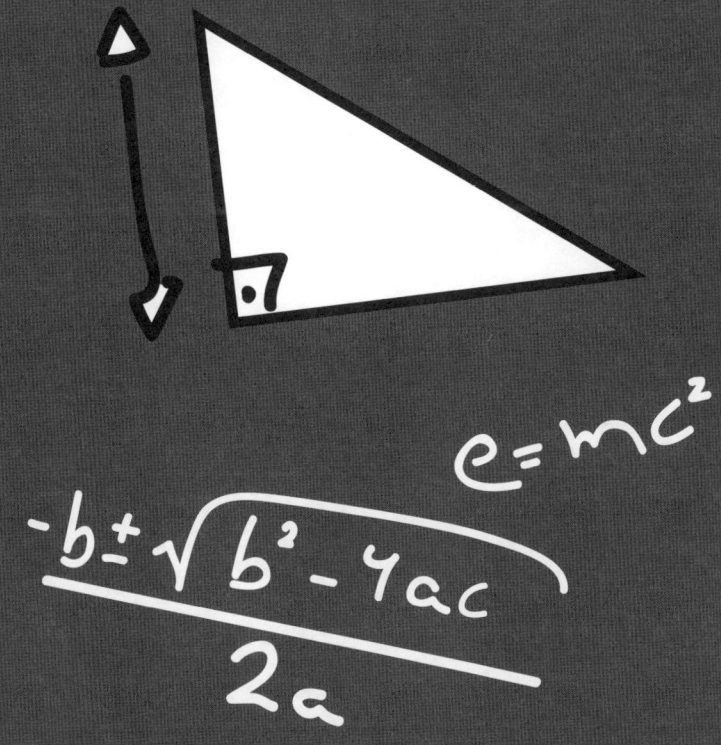

Capítulo 1

Neste capítulo, teremos uma visão geral sobre o método nas ciências naturais e sociais*. Em relação às ciências naturais, faremos uma rápida retomada dos conceitos de alguns métodos ao longo do seu desenvolvimento, destacando as suas principais concepções. Assim, falaremos dos métodos de concepção indutivista e dedutivista, como também da concepção positivista e materialista. Em relação à pesquisa qualitativa, descreveremos a sua natureza, expondo as principais críticas a essa metodologia e uma sugestão de planejamento para essa pesquisa. Com base nessa explanação, veremos uma proposta de ação investigativa para o professor-pesquisador com os pressupostos que fundamentam essa ação.

* Segundo Marconi e Lakatos (1991), ciência é "uma sistematização de conhecimentos, um conjunto de preposições logicamente correlacionadas sobre o comportamento de certos fenômenos que se deseja estudar". As ciências naturais constituem-se por outras ciências, como a física, a química, a biologia etc., já as ciências sociais pela antropologia, direito, economia, política, psicologia e sociologia.

Introdução à pesquisa científica nas ciências naturais e sociais

1.1 Os métodos nas ciências naturais e sociais

O rápido avanço da ciência, observado principalmente após o século XVI, deve-se em grande parte ao desenvolvimento do método científico, tendo a matemática como principal aliada para quantificar os fenômenos estudados. Esse método passou a ser a principal forma de conhecer e controlar a natureza. O físico e matemático Galileu Galilei (1564-1642) e o filósofo Francis Bacon (1561-1626) foram alguns dos primeiros estudiosos a propor uma metodologia que se baseasse na indução e na observação experimental. Essa forma de investigação consistia basicamente na observação e na análise dos fenômenos naturais e na elaboração de premissas e de suas respectivas verificações por meio de experimentação, resultando em generalizações e formulações de leis gerais matemáticas. Portanto, esse método parte do particular para o geral.

Para ilustrar o método indutivo, veja a seguinte situação:

> Observou-se os cisnes de um determinado sítio e verificou-se que:
> O primeiro cisne é branco.
> O segundo cisne, também, é branco.
> O terceiro cisne idem.
> Logo, todo cisne é branco.

Observe que a conclusão de que todo cisne é branco está baseada apenas nas proposições anteriores, pois não existe nenhuma garantia de que o próximo cisne seja branco, isto é, a probabilidade de ele não ser branco não é nula. Sendo assim, aceitar tal conclusão vai além de uma argumentação científica.

Uma outra forma de investigação, proposta pelo filósofo francês René Descartes (1596-1650), fundamenta-se na razão e utiliza a inferência dedutiva. Segundo Descartes, o método dedutivo aplica-se com base em uma verdade ou em princípios incontestáveis e, por meio da lógica, chega-se a conclusões formais e particulares. De acordo com o método, o problema deve ser dividido em tantas partes quantas forem necessárias e o pensamento deve ser conduzido de forma ordenada, do mais simples ao mais complexo, com cautela e segurança. Ao contrário do indutivo, esse método parte do geral para o particular.

Para exemplificar esse método, observe a seguinte afirmação:

Todo homem é mortal, então Pedro, José e Antônio são mortais.

Há, no entanto, outros métodos, como o hipotético-dedutivo, proposto pelo filósofo inglês Sir Karl Popper (1902-1994). Este método consiste na elaboração de conjecturas ou hipóteses, com base em conhecimento prévio, que serão submetidas aos testes de verificação – os mais rigorosos possíveis – e à avaliação crítica da comunidade científica. Essa fase do processo é denominada de *falseamento das hipóteses propostas*, quando estas poderão ser refutadas. Caso isso aconteça, elaboram-se outras hipóteses e seguem-se novos testes; caso contrário, as hipóteses são corroboradas.

Outro método que utiliza a lógica matemática como importante instrumento na investigação é o denominado *positivismo lógico*, que surgiu do movimento denominado pelo mesmo nome ou simplesmente *empirismo lógico*. O termo *positivismo* teve sua origem na obra do filósofo Auguste Comte (1798-1857), porém o movimento foi fundado em 1920 pelos membros do Círculo de Viena*. Embora seja uma concepção filosófica, esse movimento teve sua importância como metodologia de investigação científica. Para os positivistas, as hipóteses e as leis gerais podem ser confirmadas com base no pensamento empírico tradicional, isto é, por meio da indução, fundamentadas no desenvolvimento da lógica moderna, ou seja, da matemática.

Nas ciências, além das abordagens já vistas, existe o método dialético – **dialética materialista** – "que penetra o mundo dos fenômenos tendo em vista sua ação recíproca, da contradição inerente ao fenômeno e da mudança dialética que ocorre na natureza e na sociedade" (Marconi; Lakatos, 2007, p. 91).

Esse método não parte de conjecturas nem do formalismo matemático, mas se fundamenta na própria realidade. No entanto, o conceito

---

* O Círculo de Viena representava um grupo de cientistas e filósofos que se reuniam, frequentemente, em Viena, entre 1922 e 1936.

de dialética apareceu na Grécia Antiga, com o filósofo pré-socrático Heráclito de Éfeso (540 a.C.-470 a.C.), que, por volta do século V a.C., desenvolveu a dialética da sucessão ao dizer que as mudanças ou alterações ocorrem por meio do conflito. Um exemplo citado em um fragmento de sua obra afirma que "um homem nunca pode tomar banho duas vezes no mesmo rio, pois no tempo que permeia entre uma ação e a outra, tanto o rio como o homem já se modificaram"(Marconi; Lakatos, 2007, p. 91). Outro filósofo clássico que desenvolveu o conceito de dialética foi Aristóteles (384 a.C.-322 a.C.), ao afirmar que tudo é originado de princípios contrários. Já Hegel (1770-1831), filósofo alemão, reuniu as duas dialéticas em uma forma idealista, ou seja, "o espírito e o universo estão em perpétua mudança, mas as mudanças do espírito é que determinam as da matéria" (Marconi; Lakatos, 2007, p. 82).

Talvez a forma de dialética mais conhecida seja a materialista, desenvolvida por dois alemães, o filósofo Friedrich Engels (1820-1895) e o intelectual e economista Karl Heinrich Marx (1818-1883). Essa dialética fundamenta-se na ação recíproca, na negação da negação, na mudança qualitativa e na contradição. Segundo esses princípios, a concepção materialista pode ser entendida como um método que interpreta total e dinamicamente a realidade, considerando a unidade e a luta dos contrários. Tudo está em constante modificação: há sempre alguma coisa surgindo e se desenvolvendo, enquanto outras se dissociam e modificam.

Portanto, o método científico é a forma seguramente aceita e validada pela comunidade científica para a produção do conhecimento, porque, entre outras razões, tem proporcionado à sociedade o desenvolvimento e a resolução de muitos problemas e a compreensão dos fenômenos naturais. Alves-Mazzoti e Gewandsznajder (2002, p. 3) afirmam que o método pode "ser definido como uma série de regras para tentar resolver um problema. No caso do método científico, estas regras são bem gerais".

Como vimos nos métodos relacionados, a característica básica do método científico "é a tentativa de resolver problemas por meio de suposições, isto é, de hipóteses, que possam ser testadas através de observações ou experiências" (Alves-Mazzoti; Gewandsznajder, 2002, p. 2). Assim, caso as hipóteses forneçam os resultados esperados, são aceitas e o seu desenvolvimento poderá acarretar em leis ou princípios que expliquem e controlem o problema em questão. Se os resultados esperados não forem confirmados segundo a hipótese, esta será abandonada e substituída por outra. Segue assim, portanto, a investigação sobre determinado problema até que se chegue a uma solução aceitável pelos pesquisadores e pela comunidade científica.

Cabe destacar que a investigação científica tem basicamente os seguintes elementos: problema, hipótese, teste da hipótese e leis e teorias científicas. Ao iniciar uma investigação, a primeira atividade científica não é a coleta de dados ou uma observação, ao contrário do que se pode pensar, essa atividade é precedida por outra, que se constitui na definição da clareza do problema. Portanto, para que se inicie o desenvolvimento da metodologia científica, é necessário determinar o que se quer investigar. Para se dar prosseguimento à investigação, são postuladas hipóteses para a solução ou explicação do problema em questão. "Hipóteses são conjecturas, palpites, soluções provisórias, que tentam resolver um problema ou explicar um fato" (Alves-Mazzoti; Gewandsznajder, 2002, p. 3). A confirmação de uma hipótese não é garantia de que esta seja verdadeira, mesmo que seja uma confirmação por meio da prática. "A qualquer momento podemos descobrir novos fatos que entrem em conflito com a hipótese [...] seriam, portanto, passíveis de serem refutadas, ou seja, seriam potencialmente falseáveis ou refutáveis" (Alves-Mazzoti; Gewandsznajder, 2002, p. 6-5). Assim, as hipóteses devem ser testadas inúmeras vezes pela forma mais rigorosa possível, para que se possa verificar a existência ou não de outros fatores que não estão sendo considerados na investigação. Após essa maratona de verificações bem-sucedidas, chega-se à fase final da investigação, ou seja, formalizam-se as hipóteses ou conjecturas em leis científicas, as quais devem fornecer as explicações e as previsões científicas, desde que sejam dadas as condições iniciais pelas quais elas foram desenvolvidas. Portanto,

> Um conjunto de leis, hipóteses, conceitos e definições interligadas e coerentes podem resultar numa teoria [...] a partir das teorias é possível inclusive deduzir novas leis a serem testadas [...] Apesar de todo êxito que a teoria possa ter em explicar a realidade, é importante reconhecer que ela é sempre conjectural, sendo possível de correção e aperfeiçoamento, podendo ser substituída por outra teoria que explique melhor os fatos. (Alves-Mazzoti; Gewandsznajder, 2002, p. 8)

Como podemos observar, desenvolvemos um percurso em que foram abordadas as principais concepções do método científico e as fases de uma pesquisa científica. No entanto, não é objetivo desta obra aprofundar-se nos fundamentos dos métodos citados, nem nas suas respectivas discussões, nem, da mesma forma, no processo de investigação científica.

Vale também observar que, no campo da metodologia científica, existem procedimentos que aqui não foram abordados. Um estudo mais profícuo destes procedimentos, como coleta e tratamento de dados, entrevistas, observações, encaminhamento metodológico, histórico, comparativo, monográfico etc., pode ser efetuado por meio de livros sobre metodologia científica.

1.2 A pesquisa qualitativa

A pesquisa científica, como vista no item anterior, construiu um sólido modelo de investigação fundamentado no método científico, que, com as suas respectivas abordagens, alcançou prestígio e sucesso devido, principalmente, ao avanço e ao desenvolvimento das ciências físicas.

Dessa forma, o método científico, em relação aos pressupostos e aos encaminhamentos metodológicos, fundamentava-se em procedimentos quantitativos, o que tornou a pesquisa quantitativa mais aceita e utilizada como referência nas investigações. No entanto, essa situação foi questionada com o argumento da especificidade necessária à pesquisa nas ciências sociais e, assim, surgiu a necessidade de uma outra abordagem: a pesquisa qualitativa.

Esta teve origem na antropologia, quando se estudavam indivíduos ou grupos e se percebeu que os dados não podiam ser quantificados, mas apenas interpretados. Citados por Marconi e Lakatos (2007, p. 271), Eismann et al. afirmam que "a investigação qualitativa supõe adoção de determinadas concepções filosóficas e científicas e fórmulas específicas de coletas e análise de dados. O que origina uma nova linguagem metodológica". Devemos atentar para o fato de que a metodologia qualitativa constituiu-se na principal abordagem de investigação nas ciências sociais ou humanas. Isto se deu porque as informações coletadas podem agregar características de subjetividade e precisam, necessariamente, ser interpretadas. Até que a abordagem qualitativa se estabelecesse, a metodologia quantitativa era a forma cientificamente aceita para a realização de pesquisa nas ciências sociais. No entanto, as duas metodologias, qualitativa e quantitativa, diferem-se em muitos aspectos, principalmente, no que tange ao objeto de investigação – a pesquisa qualitativa está associada aos fenômenos sociais, enquanto a quantitativa, aos fenômenos naturais – e pela relação estabelecida entre o pesquisador e o objeto de pesquisa. Essa relação é caracterizada por um processo que se inicia na problematização da questão investigativa e busca definir e delimitar o objeto de pesquisa.

É importante saber que as abordagens qualitativas privilegiam, geralmente, a análise de microprocessos*, por meio de ações sociais

---

* Microprocessos referem-se a estudos de caso ou situações semelhantes.

individuais e coletivas (Martins, 2004, p. 292). Nessa abordagem há, geralmente, uma grande quantidade de dados e/ou informações que exigem do pesquisador uma capacidade de organização e de análise adquirida pela experiência.

É necessário ter atenção para as principais críticas dirigidas à metodologia qualitativa, porque as pesquisas na área de educação utilizam frequentemente essa abordagem. O principal comentário consiste na proximidade entre o sujeito e o objeto de pesquisa. Mas há outra sobre a questão da representatividade do estudo – essa metodologia trabalha com unidades sociais, privilegiando o estudo de caso. Martins (2004, p. 295) aponta outra crítica que

> refere-se aos problemas técnicos relacionados à coleta, ao processamento e à análise dos dados no âmbito da metodologia qualitativa. Também aqui os críticos apontam para dificuldades na coleta de informações, na medida em que ela depende da confiança estabelecida entre pesquisador e pesquisado.

Um outro ponto importante das críticas diz respeito à suposta impossibilidade de os resultados de uma pesquisa com base na metodologia qualitativa, especialmente os estudos de caso, sirvam de base para generalizações.

Embora se tenha observado muitas críticas a essa modalidade de pesquisa, a investigação qualitativa é recomendada para as ciências sociais e humanas e, principalmente, para a área de educação.

Essas críticas servem para uma reflexão sobre o cuidado necessário no desenvolvimento metodológico da investigação, principalmente no que se refere à delimitação e à definição do objeto e aos procedimentos da pesquisa de campo, caso ocorra.

1.2.1 O planejamento de pesquisa qualitativa: projeto de pesquisa

O projeto de pesquisa é o primeiro momento importante no desenvolvimento de uma investigação, porque nele estão descritas todas as etapas possíveis de serem planejadas, inclusive com uma previsibilidade de duração.

De acordo com Alves-Mazzoti e Gewandsznajder (2002, p. 149), um "projeto de pesquisa consiste basicamente em um plano para uma investigação sistemática que busca uma melhor compreensão de um dado problema [...] É um guia, uma orientação que indica onde o pesquisador quer chegar e os caminhos que pretende tomar".

Segundo os autores, o projeto de pesquisa deve indicar:

a. *o que se pretende investigar (o problema, o objetivo ou as questões do estudo);*

b. *como se planejou conduzir a investigação de modo a atingir o objetivo e/ou a responder às questões propostas (procedimentos metodológicos);*

c. *porque o estudo é relevante (em termos de contribuições teóricas e/ou práticas que o estudo pode oferecer).* (Alves-Mazzoti; Gewandsznajder, 2002, p. 149)

A seguir, relacionamos a estrutura de um projeto de pesquisa em que explicaremos os elementos que os autores abordam. Um projeto de pesquisa pode ser constituído segundo as orientações das fontes financiadoras ou das instituições de pesquisa, ou seja, nos programas de pós-graduação, as áreas e as linhas de pesquisas já estão estabelecidas. No entanto, procurando propor um roteiro simples para esse fim, seguem orientações para a elaboração do projeto com os seus elementos constituintes:

Introdução

Neste item, o pesquisador deve apresentar com clareza a proposta de pesquisa, descrevendo objetivamente o problema, discutindo o assunto, relacionando a proposta com o contexto da discussão acadêmica sobre o tema e, também, mostrando a sua contribuição em relação ao conhecimento existente. Na introdução, é importante que o pesquisador demonstre a necessidade e a originalidade de seu trabalho, bem como estabeleça o chamado *pano de fundo**, procurando facilitar para o leitor o entendimento da proposta e como esta se relaciona com questões da atualidade (Alves-Mazzoti; Gewandsznajder, 2002, p. 152).

Focalizando o tema e o problema

Na elaboração de um projeto de pesquisa, a formulação do problema consiste na etapa mais trabalhosa e difícil. Para que o pesquisador possa desenvolver essa etapa com êxito, exige-se dele muita leitura e reflexão sobre o tema. Uma vez concluída essa etapa, as outras decisões sobre os demais aspectos da pesquisa ficam bastante facilitadas (Alves-Mazzoti; Gewandsznajder, 2002, p. 150).

Para pesquisadores iniciantes, um engano recorrente na formulação do problema é estabelecer o tema ou o tópico de interesse, estabelecendo-a como um problema de pesquisa. Portanto, é necessário, sim, problematizar o tema, devendo o pesquisador buscar mais informação na literatura sobre a questão e em outros trabalhos já desenvolvidos e publicados.

No entanto, em relação à formulação do problema a ser investigado, três situações na literatura específica podem originar um problema de pesquisa: "(a) lacunas no conhecimento existente; (b) inconsistências entre o que uma teoria prevê que aconteça e resultados de pesquisa ou observações de práticas cotidianas; e (c) inconsistências entre resultados de diferentes pesquisas ou entre estes e o que se observou na prática" (Alves-Mazzoti; Gewandsznajder, 2002, p. 150).

Portanto, citados por Alves-Mazzoti e Gewandsznajder (2002, p. 151), os autores Lincoln, Guba, Miles e Huberman concluem que "a focalização atende a vários objetivos: a) estabelece as fronteiras da investigação;

---

* *Pano de fundo*, em uma linguagem acadêmica, constitui o "cenário" em que se insere a investigação.

b) orienta os critérios de inclusão-exclusão, ajudando o pesquisador a selecionar as informações relevantes; c) ajuda a orientar decisões sobre atores e cenários".

Assim, a primeira grande tarefa que antecede o processo investigativo é a problematização do tema da pesquisa. Sem essa etapa ser concluída, as etapas subsequentes não podem ser desenvolvidas.

Objetivos e/ou questões de estudo

Em um projeto de pesquisa, além de informar sobre o problema a ser trabalhado de forma clara e sucinta para o leitor, também é necessário dizer em rápidas palavras o que constitui o interesse central da pesquisa, ou seja, qual o seu objetivo (Alves-Mazzoti; Gewandsznajder, 2002, p. 155). "Frequentemente, o 'objetivo' é desdobrado em questões que detalham e clarificam seu conteúdo. Essas questões ajudam o pesquisador a selecionar os dados e as fontes de informação, e também a organizar a apresentação dos resultados, uma vez que estes devem ser organizados de modo a responder às questões propostas" (Alves-Mazzoti; Gewandsznajder, 2002, p. 156).

Portanto, o objetivo e as questões devem ser verificados na conclusão da pesquisa.

Quadro teórico

Este item é fundamental para o desenvolvimento do referencial que dará sustentação teórica ao trabalho, o que proporcionará uma argumentação racional sobre as suas opções conceptivas, ou seja, é o de defesa de ideias e de resultados pelos pressupostos adotados por meio desse quadro. Também tem fundamental importância conhecer e analisar outros trabalhos desenvolvidos que tenham alguma relação com o problema a ser investigado. Isso poderá ajudar na definição do objeto e no desenvolvimento da própria pesquisa.

Portanto, ao desenvolver o quadro teórico, iniciamos com uma revisão bibliográfica sobre o conhecimento já produzido na área. Observe:

> A formulação de um problema de pesquisa relevante exige, portanto, que o pesquisador se situe nesse processo, analisando criticamente o estado atual do conhecimento em sua área de interesse, comparando e contrastando abordagens teórico-metodológicas utilizadas e avaliando o peso e a confiabilidade de resultados de pesquisa, de modo a identificar pontos de consenso, bem como controvérsias, regiões de sombra e lacunas que merecem ser esclarecidas. (Alves-Mazzoti; Gewandsznajder, 2002, p. 180)

Por meio dessa análise, o pesquisador terá mais facilidade em definir melhor o seu objeto de pesquisa. Segundo Alves-Mazzoti e Gewandsznajder (2002, p. 180), "uma primeira revisão da literatura, extensiva, ainda que sem o aprofundamento que se fará necessário ao longo da pesquisa, deve anteceder a elaboração do projeto".

Assim, as análises devem ser iniciadas por meio das revisões atualizadas sobre o tema de interesse do pesquisador, identificando os estudos que têm maior proximidade com o problema a ser estudado e se detendo com maior profundidade sobre eles. Não tendo revisões sobre o tema, recomendamos começar pelos artigos mais recentes e, por meio deles, identificar outros citados nas respectivas bibliografias. Após esse trabalho, é necessário estender a revisão a outras fontes, como os *abstracts* e os catálogos de teses, bibliografias selecionadas etc. (Alves-Mazzoti; Gewandsznajder, 2002, p. 181).

Portanto,

> é a familiaridade com o estado do conhecimento na área que torna o pesquisador capaz de problematizar o tema e de indicar a contribuição que seu estudo pretende trazer à expansão do conhecimento. [...] É também a familiaridade com a literatura produzida na área que permitirá

ao pesquisador selecionar adequadamente os estudos a serem utilizados, para efeito de comparação, na discussão dos resultados por ele obtidos. (Alves-Mazzoti; Gewandsznajder, 2002, p. 183)

Nesse primeiro momento de revisão da literatura, quando se pode tomar conhecimento do **estado da arte** sobre a temática em que se deseja desenvolver uma investigação, deve-se estar atento às teorizações presentes na respectiva literatura consultada. Assim, começa-se a delimitar o referencial teórico a ser adotado para a pesquisa ou se desenvolve uma construção teórica própria. Segundo Alves-Mazzoti e Gewandsznajder (2002, p. 182),

O nível de teorização possível em um dado estudo vai depender do conhecimento acumulado sobre o problema focalizado, da capacidade do pesquisador para avaliar a adequação das teorizações disponíveis aos fenômenos por ele observados ou no caso de este ter optado por uma "teoria fundamentada"' de sua capacidade de construção teórica.

No entanto, em relação ao quadro teórico e, especificamente, à revisão de literatura, observamos que, enquanto o objeto de pesquisa não estiver bem definido, o referencial teórico ainda poderá sofrer alterações.

Importância do estudo

Este é um item que deve ser avaliado e que é decisivo para justificar a realização da pesquisa, pois "a significância de um estudo pode ser demonstrada indicando sua contribuição para a construção do conhecimento e sua utilidade para a prática profissional e para a formulação de políticas" (Alves-Mazzoti; Gewandsznajder, 2002, p. 159).

A justificativa não deve estar colocada de forma afirmativa, mas indicando qual é a utilidade do estudo a ser realizado para a educação.

Metodologia

Uma etapa importante e difícil na investigação científica é a definição da abordagem metodológica, que difere dos métodos de procedimentos. Esta corresponde à concepção filosófica a ser adotada e diz respeito ao entendimento do método que leva à investigação dos fenômenos naturais e sociais, englobando os métodos indutivo, dedutivo, hipotético-dedutivo e do positivismo lógico e dialético. Os métodos de procedimentos estão associados às "etapas mais concretas da investigação, com a finalidade mais restrita em termos de explicação geral dos fenômenos menos abstratos" (Marconi; Lakatos, 2007, p. 223). São os exemplos encaminhamentos metodológicos histórico, comparativo, monográfico etc.

Outra fase difícil na elaboração do projeto de pesquisa é o detalhamento dos procedimentos metodológicos. Nesse item, deve-se incluir todas as etapas de desenvolvimento da pesquisa, a descrição do contexto, o processo de seleção dos participantes, os procedimentos e os instrumentos de coletas e análises dos dados e o cronograma de todas as etapas e fases da pesquisa (Alves-Mazzoti; Gewandsznajder, 2002, p. 159).

Cronograma

O cronograma responde às questões relacionadas à duração em que ocorrerá cada etapa da investigação. A pesquisa deve acontecer em fases, com a previsibilidade do tempo necessário para a execução de cada uma delas. O pesquisador deve primar para que o desenvolvimento da pesquisa ocorra nos prazos estabelecidos pelo cronograma.

Análises dos dados

Nessa modalidade de pesquisa, os dados gerados são volumosos e diversos. São geralmente anotações sobre observações e/ou entrevistas com vários envolvidos, além de outros tipos, como materiais bibliográficos, por exemplo, que precisam ser organizados e compreendidos. Segundo

Alves-Mazzoti e Gewandsznajder (2002, p. 170),

> Isto se faz através de um processo continuado em que se procura identificar dimensões, categorias, tendências, padrões, relações, desvendando-lhe o significado. Este é um processo complexo, não linear, que implica um trabalho de redução, organização e interpretação dos dados que se inicia já na fase exploratória e acompanha toda a investigação.

A análise dos dados deve ser realizada e interpretada segundo o referencial teórico adotado ou desenvolvido.

1.3 A proposta de ação investigativa

A ação investigativa do professor-pesquisador nesta obra está voltada para a possibilidade concreta de uma pesquisa educacional que proporcione uma articulação entre a teoria e a prática. Em relação à teoria, destacamos a necessidade de uma contínua formação teórico-metodológica e de uma constante atualização em relação aos conhecimentos específicos da área. Assim, no processo de uma ação investigativa, o professor-pesquisador estará respaldado por um constructo teórico, mas também terá a seu favor a experiência e a própria prática pedagógica, para a qual deve existir um espaço em que possa aplicar a proposta de pesquisa. A ação investigativa do professor-pesquisador tem como pressupostos as seguintes proposições (Paraná, 2007):

~ O professor pode ser um produtor de conhecimento, por meio de subsídios teórico-metodológicos e da colaboração de sua prática pedagógica.

~ O professor deve estar atento às reais necessidades de enfrentamento dos problemas presentes na educação básica.

~ A formação do professor deve ser desenvolvida de forma contínua e não fragmentada.

~ As verdades em uma disciplina devem ser tomadas enquanto produções históricas, o que assegura a negação de qualquer dogmatismo.

Corroborando a concepção da ação investigativa do professor-pesquisador está a investigação realizada sob a perspectiva de uma abordagem histórica e epistemológica, ou seja, a história da gênese dos conceitos físicos corresponde a um viés pelo qual o docente pode desenvolver a pesquisa científica. Da mesma forma, a transposição didática serve como um instrumento de análise na investigação do conhecimento físico criado em sua época, em seu contexto, bem como do respectivo conhecimento escolar descrito nos manuais didáticos. Portanto, a abordagem histórica e epistemológica e a transposição didática são dois instrumentos de investigação em que a ação do professor-pesquisador deve estar fundamentada.

Nos próximos capítulos, encontram-se atividades voltadas à pesquisa, que mostram um percurso de uma investigação e possibilitam a percepção de algumas fases de um processo investigativo, bem como a ação que o acompanha.

Portanto, para desenvolver ou exercitar uma ação investigativa segundo a perspectiva colocada aqui, é importante assegurar a observação dos pressupostos citados e ter o hábito da leitura e da reflexão. Além disso, é fundamental ser ágil na busca de informações na biblioteca, nos bancos de dados, nas publicações periódicas impressas e eletrônicas, participar constantemente de eventos científicos (congressos, encontros, simpósios, palestras etc.) e, principalmente, escrever bem sobre as suas ideias. Essas características constituem o perfil do professor-pesquisador.

Síntese

Estudamos neste capítulo as primeiras ideias acerca do método científico, abordando o indutivismo, o dedutivismo, o método hipotético dedutivo de Popper, a concepção metodológica do positivismo lógico e a dialética materialista. Também vimos algumas características da pesquisa qualitativa e que, para os problemas nas ciências sociais e humanas, o método qualitativo é o mais indicado. Em relação a essa abordagem de pesquisa, foram colocadas as principais críticas, entre as quais destacamos duas: a proximidade entre o sujeito e o objeto e a representatividade do estudo de pesquisa qualitativa. Na sequência, destacamos neste estudo um planejamento de pesquisa, com a indicação de seus principais elementos.

Também vimos neste capítulo uma proposta de concepção investigativa, ou seja, uma ação investigativa que proporciona ao professor-pesquisador uma abordagem histórica e epistemológica e, também, a utilização da transposição didática como instrumento de análise.

Atividades de Autoavaliação

1. Considerando o método científico desenvolvido por meio da observação/experimentação dos fenômenos naturais e da indução, assinale a alternativa correta:
   a) O filósofo francês René Descartes foi o principal responsável pelo desenvolvimento do método que utiliza a indução.
   b) A indução foi proposta apenas por Galileu, sendo Bacon contrário a essa forma de raciocínio.
   c) O método proposto por Galileu e Bacon consistia na observação experimental e na elaboração de premissas, chegando às leis gerais por meio do raciocínio indutivo.
   d) Esse método partia do geral para o particular.

2. Considerando o método científico que se fundamenta na razão e no desenvolvimento do pensamento dedutivo, assinale a alternativa correta:
   a) Galileu foi um dos responsáveis pelo desenvolvimento do pensamento dedutivo.
   b) Esse método tem como essência reconhecer que, na resolução de problemas, as precipitações e os preconceitos devem ser evitados.
   c) Na aplicação do método, o encaminhamento para a solução de questões ocorre pela condução do pensamento das coisas mais complexas para as mais simples.
   d) Ao contrário do método indutivo, este parte do particular para o geral.

3. Em relação à concepção do positivismo lógico, assinale a alternativa correta:
   a) O positivismo lógico é uma corrente filosófica decorrente da fusão do método indutivo com o dedutivo.
   b) O positivismo lógico não influenciou no desenvolvimento de um método de investigação científica com concepções positivistas.
   c) Segundo essa concepção, as hipóteses e as leis gerais podem ser confirmadas com base no pensamento empírico tradicional, por meio da indução, e no desenvolvimento da lógica moderna.
   d) O método resultante dessa concepção não tem na lógica moderna um importante instrumento de investigação.

4. Em relação ao método proposto por Popper, assinale a alternativa **incorreta**:
   a) É um método que consiste na elaboração de conjecturas ou hipóteses, com o seu posterior falseamento ou corroboração.
   b) O método proposto por Popper denomina-se *método hipotético-dedutivo*.

c) Nos testes das conjecturas ou hipóteses formuladas, caso não sejam falseadas, elas serão corroboradas.
d) É um método indutivo.

5. Em relação ao método dialético, assinale a alternativa correta:
a) É um método que se apoia no formalismo matemático.
b) É um método que interpreta estática e totalmente a realidade.
c) Para esse método, as coisas são imutáveis, isto é, não se modificam.
d) É caracterizado pela unidade e pela luta dos contrários, privilegiando as mudanças qualitativas e a negação da negação.

Atividades de Aprendizagem

Questões para Reflexão

1. Desenvolva um texto destacando as ideias centrais e duas diferenças entre os métodos indutivo e hipotético-dedutivo.
2. Considerando as críticas dirigidas à metodologia qualitativa, expostas a seguir, escreva um texto argumentando com pontos favoráveis e adversos em relação a elas:
   ~ Na metodologia qualitativa, há aproximação entre o sujeito e o objeto de pesquisa.
   ~ Na pesquisa qualitativa, os seus resultados e especialmente os estudos de casos não servem de base para generalizações.

Atividade Aplicada: Prática

1. Faça um esquema sucinto de planejamento de pesquisa, incluindo os respectivos elementos que o constituem.

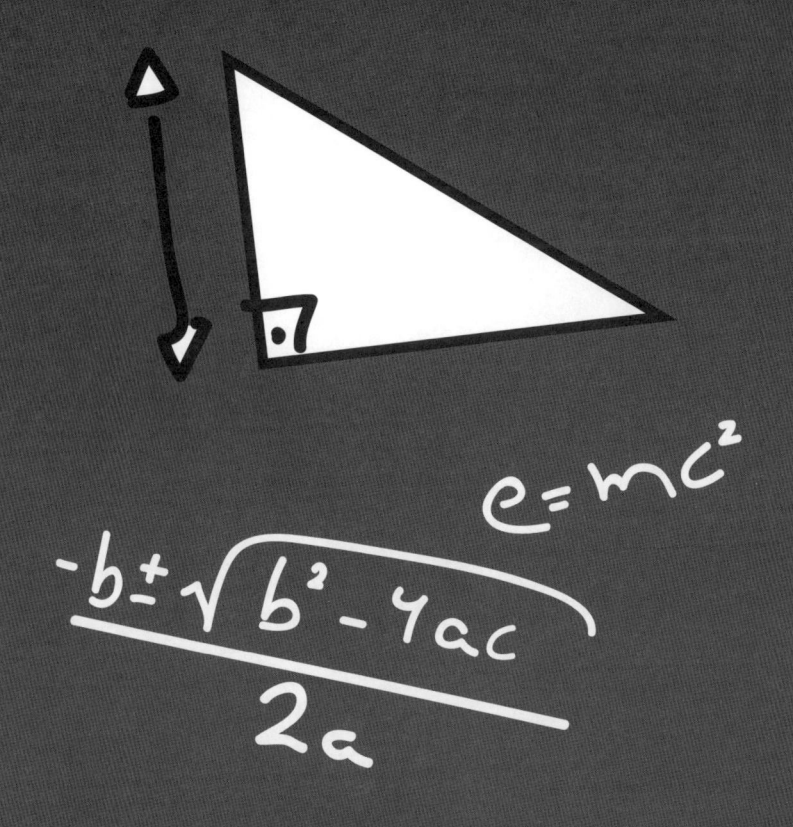

Capítulo 2

Neste capítulo, acompanharemos por meio de um relato o contexto e os conflitos presentes no processo de construção de um objeto de pesquisa em uma investigação qualitativa já realizada. O ponto de partida é o pré-projeto, em que constam as intenções de pesquisa e, principalmente, o objetivo da investigação. Durante esse percurso, destacaremos os momentos mais significativos, como a mudança de temática e a discussão sobre o problema de pesquisa. Também mostraremos como foi definido o objeto de investigação na versão final do projeto com a sua respectiva problemática e, além disso, o objeto de pesquisa definitivamente constituído no trabalho final.

Uma busca pelo objeto de pesquisa: contexto e conflitos

2.1 O pré-projeto de pesquisa

O autor da citada pesquisa* vivenciou, cotidianamente, os problemas relacionados ao ensino e à aprendizagem de Física na educação básica e que dizem respeito, principalmente, ao currículo de Física escolar – desinteressante, desatualizado e, às vezes, abstrato. A grande

---

* A referida pesquisa foi realizada no município de Curitiba no período de 2004 a 2006.

preocupação na época era, e ainda é, a forte presença da matemática nas aulas de Física, ou seja, era dada grande ênfase às aplicações de fórmulas matemáticas em detrimento do conceito físico em questão. Outros problemas, igualmente importantes na época, estavam relacionados à formação continuada do professor – inexpressível e sem resultados concretos de melhora –, às condições precárias de ensino, às questões salariais mal resolvidas, ao desinteresse e ao desânimo do docente (bem como dos demais profissionais da escola) e dos discentes com a educação local, estadual e nacional. Enfim, era um contexto que muito o incomodava.

Durante o período da pesquisa, o autor exercia atividades docentes intensas e agregava outras relacionadas à educação, ou seja, cumpria uma jornada de 40 horas semanais como professor de Matemática e Física, atendendo cerca de 360 alunos em questões relacionadas a ensino e aprendizagem, assim como participava de um grupo de estudos na área de ensino de Física, além de ter iniciado um curso de mestrado em Ciências Exatas – "Métodos numéricos" –, sem concluí-lo.

Nesse panorama circunstancial, elaborou um pré-projeto* de pesquisa para participar do processo de seleção em outro programa de pós-graduação, ou seja, em um mestrado em Educação, cujo título era "As principais dificuldades de ensino e aprendizagem no ensino de Física nas escolas públicas e particulares. O que, efetivamente, está se ensinando e qual o nível e a finalidade deste ensino".

Inicialmente, tem destaque a grande amplitude das questões presentes no título do trabalho, pela qual o pesquisador pretendia diagnosticar com profundidade e também de forma qualitativa os problemas de ensino e aprendizagem em instituições de ensino cujos participantes

---

* Pré-projeto de pesquisa: documento em que constam as ideias iniciais sobre a pesquisa a ser desenvolvida. Também é um quesito a ser analisado no processo seletivo.

possuem níveis socioeconômico e cultural significativamente diferentes. Portanto, o pesquisador deve ter cautela na elaboração do título de um trabalho. Certamente, a abrangência do título pode ser um reflexo da amplitude da proposta de pesquisa.

O trabalho apresentado ao programa de pós-graduação, segundo o autor, consistia em uma série de etapas que visava à compreensão completa e cabal do ensino de Física praticado nas escolas daquela cidade, como também a eficiência desse ensino associada aos objetivos determinados pelas instituições e relacionados pela Lei de Diretrizes e Bases da Educação Nacional (LDBEN/1996)*.

As justificativas para desenvolver a pesquisa estavam pautadas nas deficiências e nas mazelas que afligem os nossos sistema e modelo de ensino, mas também eram reforçadas pelos problemas vivenciados, principalmente, na prática pedagógica do autor. Isso pode ser notado quando diz:

> Tomo como exemplo a minha docência de treze anos de experiência, em que a maioria dos alunos sempre vê na Física uma disciplina difícil e antipática. Portanto, a minha preocupação com o ensino de Física é na busca de uma metodologia que produza situações de aprendizagem, que torne o ensino mais prazeroso e claro no seu entendimento, que haja discussão e construção dos conceitos físicos, valorização das concepções prévias dos educandos.

---

* Para ver a Lei nº 9.394/1996 na íntegra, acesse o *site*: <http://www.planalto.gov.br/ccivil_03/Leis/L9394.htm>.

O objetivo da pesquisa, tal como a proposta, é grandioso, a saber:

> Pretendo com este trabalho fazer um estudo acadêmico que venha revelar a organização e a funcionalidade do ensino em Física nas escolas, principalmente nas públicas, como também aferir as suas deficiências e/ou qualidades, eficiência e as suas finalidades.

Assim, com a proposta de pesquisa, que continha o objetivo exposto, o professor ingressou no curso de mestrado no programa de pós-graduação em Educação. Por meio de algumas informações sobre a sua participação no programa e sobre a proposta de pesquisa, observaremos o percurso e a busca realizada pelo professor para a definição do objeto de pesquisa que, naturalmente, estava indefinido.

Tendo início as atividades do programa e o agendamento das orientações, seguiu-se a jornada do referido professor da educação básica, que possuía pouca informação sobre pesquisa em educação e, principalmente, sobre a natureza da pesquisa qualitativa. No entanto, detinha alguma experiência em pesquisa quantitativa nas ciências exatas, pois, além da formação nessa área – Física e Matemática –, fez iniciações científicas e iniciou um curso de mestrado em Métodos Numéricos.

No primeiro semestre, destacou-se a formação que obteve acerca da metodologia de pesquisa qualitativa e da natureza da pesquisa em educação. Já no segundo semestre, essas questões foram aprofundadas e, principalmente, direcionadas à constituição do projeto de pesquisa. De acordo com o professor, procurou-se dimensionar o tema da pesquisa, conhecer e pesquisar o referencial teórico que fundamentaria o seu trabalho e outros que tivessem alguma relação ou semelhança com a sua pesquisa.

Portanto, segundo o professor, o seu percurso partiu de uma situação confusa e insegura em relação aos paradigmas relativos às pesquisas em ciências sociais e, especialmente, na educação. Como vimos no primeiro capítulo, esse paradigma aponta para uma abordagem metodológica própria, distinguindo-se significativamente das abordagens utilizadas nas ciências naturais. Oriundo das ciências exatas – da Física e da Matemática, o professor-autor da pesquisa do qual falaremos a seguir sempre inclinado a pensar, e em parte ainda, de uma forma em que o método científico produz uma clareza e um refinamento precisos e incontestáveis dos seus resultados. Porém, nas ciências sociais e em particular na educação, a relação entre objeto/sujeito na investigação é de outra natureza e, principalmente, são elementos carregados de uma complexidade na qual o próprio investigador necessita submergir nessa relação para que possa investigá-la e compreendê-la.

O maior esforço do professor em sua pesquisa era construir o objeto de pesquisa e delinear um caminho seguro para desenvolver a sua investigação segundo uma abordagem qualitativa. Nesse momento inicial, o professor ainda não estava seguro em trabalhar com essa abordagem, tornando a pesquisa difícil, mesmo que estivesse adquirindo formação para tal. Portanto, chegado ao fim do primeiro semestre do curso, ele foi solicitado – pela disciplina "Seminário de Pesquisa" – para que apresentasse um trabalho detalhado de como faria o desenvolvimento da sua pesquisa. O professor então procurou esboçar todas as etapas e ações que poderiam constar na sua pesquisa, constituída basicamente de um estudo e um diagnóstico sobre o ensino de Física em sua cidade. Assim, as intenções desse trabalho eram: caracterizar a estrutura e o funcionamento do ensino de Física nos estabelecimentos de ensino, verificar o que estava sendo ensinado e de que forma, analisar as metodologias predominantes dessa área e as linhas pedagógicas seguidas e identificar a finalidade desse ensino. Por meio dessa oportunidade, passou a se questionar sobre o seu projeto, tendo como consequência uma avaliação negativa acerca do significado e do valor de sua pesquisa.

Embora estivesse mais informado e mais bem preparado para iniciar e desenvolver de fato o trabalho, o professor decidiu mudar o tema e, consequentemente, a proposta da pesquisa. Segundo o professor:

> Essa importante decisão trouxe-me mais confiança e convicção daquilo que pretendo investigar, além de alinhar-me com as minhas conjecturas levantadas ao longo da minha vivência em sala de aula.

A sua justificativa para essa importante decisão é mostrada a seguir nas palavras do professor-pesquisador:

> No início desta caminhada, ainda quando pensava sobre uma investigação em ensino de Física, a minha grande indagação era sobre os problemas que enfrentamos no dia a dia da sala de aula e na carreira, como educadores. Problemas cruciais da educação, como: profissão desvalorizada e sem motivação profissional; professores habilitados, mas despreparados para o ensino de Física; dificuldades de aprendizagem, pouco material e recursos didáticos escassos; ausência de bons laboratórios e boas bibliotecas; ensino em processo de falência e sem forças para produzir agentes de mudanças nem expectativas para mudanças; metodologias ineficientes, enfim, o ensino segundo as minhas concepções possui um quadro desolador. Nessas condições, inquietava-me saber tudo isso e não agir para fazer algo que melhorasse a qualidade daquilo que fazia. O meu propósito sempre foi olhar para a raiz do problema e nele concentrar os esforços na tentativa de que o ensino de Física produzisse mentes que usufruíssem desse ensino para a vida, seja na carreira acadêmica, no trabalho ou para o próprio exercício da cidadania. No entanto, quando pensava, efetivamente, que projeto de pesquisa propor ao curso de mestrado, veio-me o desejo de configurar formalmente esse

quadro da educação no ensino de Física e, com este trabalho, sensibilizar as autoridades competentes para tomar decisões no sentido de produzir melhorias para este ensino. Com as leituras que fazia sobre as críticas do que é uma pesquisa científica e algumas destas eram relativas ao tipo de pesquisa que pretendia desenvolver, como, também, após tomar conhecimento que outros já fizeram isso e que as autoridades não deram a mínima, isso me causou frustração e o entusiasmo pela pesquisa cessou. Contudo, as minhas convicções urgiam-me a debruçar sobre os antigos problemas que há muito tempo me angustiava – a disfunção da aprendizagem de Física nas práticas educativas. Assim, durante as atividades desenvolvidas no curso de mestrado, o entendimento das questões relacionadas à metodologia da pesquisa [qualitativa] foi evoluindo e a minha concepção acerca do que é pesquisa científica estava sendo melhorada. Então, de certo tempo pra cá, percebi que deveria deixar a questão do primeiro tema para aquém de direito e pôr o "pé na lama" mesmo! Ou seja, voltar-me para as minhas inquietações acerca do ensino de Física na sala de aula, onde é o meu labor.

Após esse pequeno percurso, foi iniciada a elaboração do projeto de pesquisa por meio do pré-projeto. Assim, outras questões e outros problemas começaram a surgir para serem investigados e apresentavam-se como possíveis propostas de investigação. No próximo item, iremos abordar essa questão.

2.2 O problema de pesquisa

O problema, agora com outra temática, tinha como pano de fundo as práticas docentes de Física, e o autor se propunha a investigar até que ponto o caráter fortemente algébrico nas resoluções dos problemas influenciava e distorcia o processo de ensino-aprendizagem na disciplina de Física. Assim, o título proposto foi "Ensinar Física ou Matemática? Análise do papel da resolução de problemas no ensino de Física". No entanto, na discussão com o orientador, ao ser esboçado o encaminhamento metodológico para desenvolver a pesquisa, foi postulado que as questões da pesquisa envolviam um grande "volume" de conhecimento em diversas áreas e que, por conseguinte, a metodologia pretendida tornou-se inexequível devido ao curto tempo para desenvolvê-la. Diante dessa impossibilidade, voltou a ser procurado um recorte dentro do tema que se mantivesse em evidência durante todo o percurso. Algumas sugestões foram postas e levadas à reflexão.

No encontro seguinte, baseada em uma sugestão levantada, foi formulada uma proposta que tinha como foco o perfil do docente de Física e os objetos de ensino inerentes à Física. Dentro dessa perspectiva, o foco da investigação, portanto, foi deslocado, de forma que envolvesse o professor na sua ação pedagógica em sala de aula. Assim, as questões que problematizavam essa temática eram:

~ Como o docente de Física faz a transposição didática do saber a ensinar para um saber ensinado? Quais os critérios utilizados na transposição?

~ Como o docente de Física organiza esses saberes de forma que propicie uma aprendizagem? De que maneira ele desenvolve essa prática?

~ Tendo o docente de Física um objeto de ensino e supondo haver mais de uma turma da mesma série, o ensino se torna peculiar para cada turma de uma determinada série ou o referido ensino é padronizado para as demais turmas? De que forma ele interfere nesse saber a ensinar? Quais os critérios utilizados?

~ Como é proposta pelo professor a construção do conceito físico associado ao saber escolar?

No entanto, segundo o professor:

> Um problema que considero grave é a forma como ensinam Física em muitas escolas. Entre muitas gravidades, observo uma que retrata um ensino descontextualizado, ignorante à realidade do educando e da comunidade na qual está inserida a escola. Outro problema é realizar um ensino com ausência de significados físicos, porém com uso excessivo de fórmulas e ferramental matemático.

Assim, a investigação tinha como objetivo revelar quais são as influências das atitudes dos docentes na ação curricular e na sua prática pedagógica no ensino de Física, sabendo que, em parte, os problemas relativos a esse ensino ocorrem no domínio da ação pedagógica do professor.

2.3 O projeto de pesquisa

O projeto de pesquisa foi elaborado de acordo com as propostas colocadas no item anterior e apresentado ao programa de pós-graduação com o título "O docente de Física na sua ação pedagógica", abordando na sua introdução elementos que indicavam as mudanças que ocorreram com o tema da pesquisa e, consequentemente, com o objeto de investigação. Assim, segundo o professor, a pesquisa sofreu, ao longo do tempo:

> Sucessivas alterações e foi tomando, portanto, outras direções até se tornar viável e adequada à realidade que é posta, principalmente, no que diz respeito às condições reais existentes, constituindo-se em uma pesquisa que tem como objetivo investigar a ação do professor no momento em que organiza e 'ensina' os saberes aos seus alunos.

O problema de investigação dizia respeito ao conteúdo de ensino e à prática do professor ou, de outra forma, às questões: Como o professor na sua atividade docente seleciona, prepara e "ensina" alguns conteúdos de Física para os educandos? Ou seja, como o professor, no domínio da transposição didática, faz do saber a ensinar objetos de ensino ou saber escolar e como ele "ensina" esse conteúdo?

A sua pesquisa tinha como objetivo: analisar e compreender a ação pedagógica do professor quando este se propõe a "ensinar" conteúdos de Física. Ou seja, conhecer como o professor se apropria do saber a ensinar e o transforma em um saber a ser ensinado e como ele "ensina" este saber. Em função desse objetivo, delineou-se uma metodologia qualitativa que privilegiava a coleta de dados por meio de entrevista e pesquisa bibliográfica histórica. Portanto, os dados analisados dizem respeito à gênese do conhecimento científico, à forma como se apresentam nos manuais didáticos e ao modo como são ensinados.

A justificativa para desenvolver a pesquisa estava pautada no interesse de fortalecer o ensino de Física em detrimento de um ensino voltado, basicamente, à preparação para o vestibular e para esclarecer a equivocada ideia de que o ensino de Física se constitui, única e restritamente, em resolver problemas de matemática aplicada. Outras questões importantes que, segundo o professor, justificavam a pesquisa eram a contribuição para uma melhor compreensão do fenômeno da transposição didática interna, ou seja, aquela que ocorre no âmbito escolar, e o fornecimento de subsídios para que o docente possa superar a distância entre o conhecimento escolar e a realidade vivida pelo educando, levando em conta a sua contextualização.

Com base no projeto de pesquisa, o professor elaborou um relatório a ser apresentado aos avaliadores da banca de qualificação, que concluíram, após discussão e análise, pela aprovação do projeto. No entanto, foram sugeridas algumas modificações, principalmente as referentes ao objeto e à metodologia de pesquisa. As alterações solicitadas foram acatadas, e o professor seguiu mais convicto e determinado.

2.4 O trabalho final

Na sua introdução, o texto da dissertação retorna à retórica do início da caminhada, quando diz: o que fazer para que os alunos entendam os conceitos trabalhados em aula ou como fazer para tornar os conteúdos de ensino mais "fáceis" de serem entendidos; como proporcionar um ensino que tornasse a linguagem utilizada simples e objetiva, mas que não perdesse a essência do conceito físico; como descomplexificar a difícil linguagem matemática e/ou científica.

O texto também define rapidamente a natureza do problema de investigação e o tipo de escola envolvida. Segundo o professor:

> A complexidade e a dimensão desses problemas fizeram-me aprofundar nessas questões e transformá-las em objetos de pesquisa. Nesse sentido optei por investigar um tipo de escola e uma natureza específica do problema, ou seja, questões relacionadas ao ensino e, especificamente, à disciplina de Física. Quanto ao tipo de escola, escolhi a pública. No entanto, procurei restringir as reflexões aos problemas de natureza didático-pedagógica que diziam respeito à constituição e à transmissão do conhecimento.

Portanto, o problema é apresentado em um contexto em que se elabora e se transmite o conhecimento, tendo como objeto de pesquisa o próprio saber escolar.

Segundo o professor, os processos de didatização dos saberes oriundos da ciência têm como finalidade tornar tal conhecimento propício ao ensino, nesse caso, ao ensino de Física. Entretanto, apesar da intenção de facilitar o entendimento do conhecimento científico, os processos de didatização, para alguns casos, não têm conseguido alcançar esse objetivo. No caso particular do conceito de "campo" e, especialmente, o de "campo elétrico", verifica-se que ele é apresentado nos livros didáticos de forma abstrata e descontextualizada, causando uma perplexidade aos alunos (e por que não aos professores?) quando é abordado. Essa é a questão ou o problema da pesquisa.

O objetivo da investigação é apresentado de forma sucinta, ou seja, é analisar como foi constituído e como está posto o conceito de campo elétrico nas esferas do saber a ensinar e do saber ensinado.

As questões a serem investigadas dizem respeito à criação do conceito de campo elétrico e à sua relação com o ensino na física escolar. Portanto, as questões correspondentes são: "Como foi criado e desenvolvido o conceito físico de campo elétrico?"; "Quais as implicações deste conceito, no âmbito da cultura, na ciência física e na física escolar?"; "Após a sua transposição didática que características ou propriedades foram mantidas ou suprimidas ou até criadas?"; "Como o conceito de campo elétrico, após ter sido histórica e culturalmente aceito, tem sido apresentado nos manuais didáticos e nas anotações dos cadernos de Física nas salas de aula?".

Nesta etapa, foram concluídos a pesquisa e o relatório final. No entanto, a distância entre as ideias iniciais e as definitivamente concluídas e o diversificado percurso da pesquisa desenvolvido no processo nos mostram a complexidade e a dificuldade inerentes à pesquisa qualitativa. Como pudemos ver, o projeto sofreu várias mudanças e o objeto de pesquisa foi sendo definido ao longo das etapas de investigação.

Síntese

Neste capítulo, acompanhamos o relato de uma experiência em uma atividade de pesquisa desenvolvida em um programa de pós-graduação em Educação. Destacamos a ênfase dada ao processo de definição do objeto de pesquisa e a melhor compreensão do professor sobre as questões teórico-metodológicas e do campo de pesquisa. E, finalmente, vimos, no trabalho final, de forma clara e bem delimitada, o objeto de pesquisa com os seus respectivos questionamentos, como também o objetivo e as questões de estudo.

Atividades de Autoavaliação

1. Em relação ao pré-projeto de pesquisa, assinale (F) se a sentença for falsa e (V) se for verdadeira:
   ( ) Tinha como título "As principais dificuldades de ensino e aprendizagem no ensino de Física nas escolas públicas e particulares. O que, efetivamente, está se ensinando e qual o nível e a finalidade deste ensino".
   ( ) As questões que aparecem no título possuem pequena amplitude de investigação.
   ( ) Segundo o título, a pesquisa pretende diagnosticar, com profundidade e de forma qualitativa, os problemas de ensino-aprendizagem em instituições de ensino.
   ( ) O pesquisador não deve ter cautela na elaboração do título de um trabalho.

2. Em relação ao pré-projeto apresentado ao programa de pós-graduação em Educação, assinale a alternativa **incorreta**:
   a) Cotidianamente, o autor vivenciava os problemas relacionados ao ensino e à aprendizagem de Física na educação básica.
   b) As justificativas da proposta de pesquisa estavam embasadas, exclusivamente, nos baixos índices de educação apresentados pelo Índice de Desenvolvimento da Educação Básica (Ideb).

c) A proposta visava compreender o ensino de Física e a sua eficiência nas escolas, considerando os objetivos determinados pelas instituições escolares e relacionados pela LDBEN/1996.

d) As justificativas da proposta também estavam pautadas nos problemas de ensino-aprendizagem, vivenciados pela prática pedagógica.

3. De acordo com o autor da proposta de pesquisa, assinale a alternativa correta:

a) Em relação à abordagem metodológica em ciências sociais, o percurso dela partiu de uma situação clara e segura.

b) O esforço do autor era construir o objeto de pesquisa e delinear um caminho seguro para desenvolver a sua investigação, segundo uma abordagem quantitativa.

c) Em relação ao método, estava seguro de como fazer a abordagem quantitativa, e isso tornou a pesquisa mais interessante.

d) A mudança de temática da pesquisa foi consequência de uma reflexão, após várias leituras sobre pesquisas científicas.

4. De acordo com o item 2.2, "O problema de pesquisa", assinale a alternativa **incorreta**:

a) A nova proposta se propunha a investigar até que ponto o caráter fortemente algébrico influenciava de forma negativa o processo de ensino-aprendizagem na disciplina de Física.

b) Dentro da mesma temática, o foco de pesquisa foi deslocado para a ação pedagógica do professor de Física.

c) Considerando a ação pedagógica do professor, a pesquisa tinha como objetivo revelar as influências docentes no currículo e na sua prática pedagógica no ensino de Física.

d) Embora o objeto de pesquisa tenha sido alterado, os encaminhamentos metodológicos permaneceram os mesmos.

5. Em relação ao projeto de pesquisa e ao trabalho final, assinale a alternativa **incorreta**:
a) O problema que consta no projeto de pesquisa consiste em investigar como o professor seleciona, prepara e ensina os conteúdos de Física.
b) A justificativa para desenvolver a pesquisa estava pautada no interesse de fortalecer o ensino de Física em duas questões: não o direcionar para o ingresso no ensino superior e o combate à ideia de que as aulas de Física constituem-se na resolução de problemas de matemática aplicada.
c) Consta no trabalho final que o objetivo é analisar como foi constituído e como está posto o conceito de campo elétrico nas escolas particulares.
d) No trabalho final, as questões investigadas dizem respeito à gênese do conceito de campo elétrico e à sua relação com o ensino de Física.

Atividades de Aprendizagem

Questões para Reflexão

1. Elabore um texto que descreva os três momentos da investigação científica citados neste capítulo, ou seja, o pré-projeto, o projeto e o trabalho final, destacando os seguintes elementos: o título, o problema e os objetivos.
2. Elabore três problemas de pesquisa. Para cada um, faça uma justificativa e diga qual o objetivo de cada investigação.

Atividade Aplicada: Prática

1. Em um grupo de cinco participantes, elabore um projeto que proponha uma investigação envolvendo um problema de

ensino-aprendizagem na sua área de formação e/ou atuação. Você pode seguir o modelo de elementos do item 1.2.1, do Capítulo 1.

$$\frac{-b \pm \sqrt{b^2 - 4ac}}{2a}$$

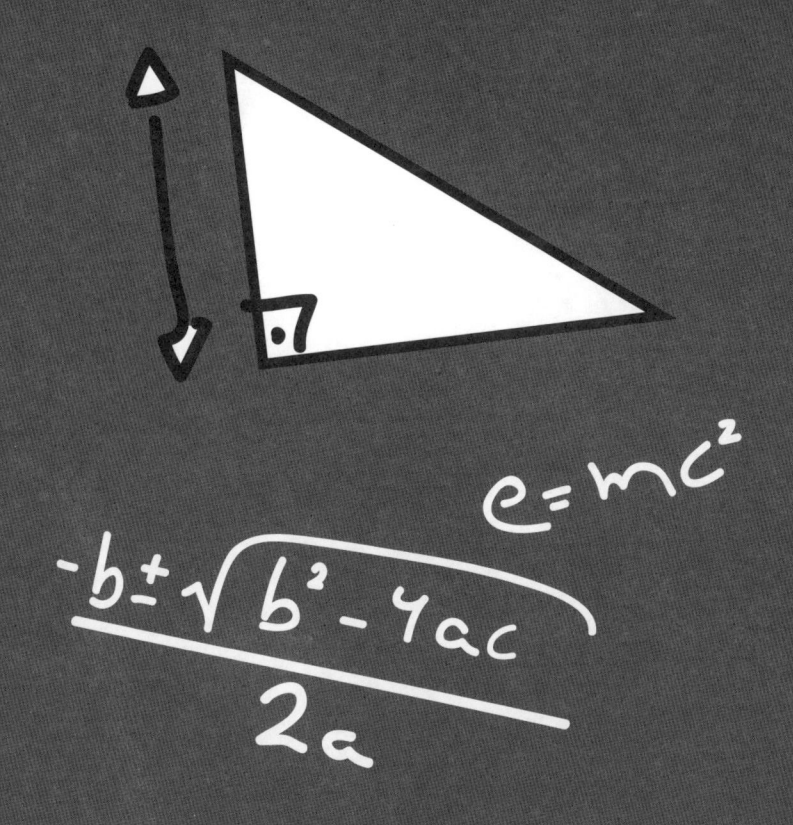

$$e = mc^2$$

Capítulo 3

Neste capítulo, faremos uma análise de algumas propostas de pesquisas desenvolvidas nos programas de pós-graduação de instituições de ensino superior do Brasil. Veremos também propostas de pesquisas apresentadas à Coordenação de Aperfeiçoamento de Pessoal de Nível Superior (Capes) desenvolvidas em 2006, cujos parâmetros para análise são: objetivos do programa, linhas de pesquisas, projetos de pesquisas, produções bibliográficas e trabalhos de teses e dissertações. Para isso, foram selecionados alguns programas de pós-graduação e, destes, algumas linhas e projetos de pesquisas com produções específicas.

Pesquisas em ensino de Ciências

3.1 Ensino de Ciências e de Matemática

A Coordenação de Aperfeiçoamento de Pessoal de Nível Superior (Capes) possui áreas do conhecimento categorizadas por ciências (agrária, biológica, da saúde, exatas, da terra, humanas, sociais aplicadas, engenharias, linguística, letras, artes e outras) e suas respectivas especificidades. A Capes, entre as várias funções que desempenha como fundação pública, acompanha e avalia os cursos de pós-graduação *stricto sensu* no Brasil. Em 2006, nos registros da Capes, foram verificados

2.613 programas de pós-graduação, dos quais 1.082 eram voltados ao mestrado acadêmico, 75 ao doutorado, 229 ao mestrado profissionalizante e 1.227 ao mestrado acadêmico e ao doutorado. Em relação à área de Ensino de Ciências e Matemática, constam, nos registros da Capes, em 2006, 50 programas de pós-graduação, sendo 15 programas de mestrado acadêmico, 1 de doutorado, 26 de mestrado profissional e 8 de mestrado acadêmico e doutorado. Os 50 programas citados contemplam diversas temáticas do ensino de Ciências e de Matemática; no entanto, o nosso interesse está voltado ao ensino de Ciências, o que limita bastante os programas que farão parte da nossa análise, a saber:

- ~ Educação Científica e Tecnológica – Universidade Federal de Santa Catarina (UFSC).
- ~ Educação para a Ciência – Universidade Estadual Paulista "Júlio Mesquita" (Unesp).
- ~ Ensino das Ciências – Universidade Federal Rural de Pernambuco (UFRPE).
- ~ Ensino de Ciências (Modalidades: Física, Química e Biologia) – Universidade de São Paulo (USP).
- ~ Ensino de Ciências – Universidade de Brasíla (UnB).
- ~ Ensino de Ciências e Educação Matemática – Universidade Estadual de Londrina (UEL).
- ~ Ensino de Ciências Naturais e Matemática – Universidade Federal do Rio Grande do Norte (UFRN).
- ~ Ensino, Filosofia e História das Ciências – Universidade Federal da Bahia (UFBA).
- ~ Ensino de Física – Universidade Federal do Rio Grande do Sul (UFRGS).
- ~ Educação em Ciências: Química da Vida e Saúde – Universidade Federal do Rio Grande do Sul (UFRGS).

Dos programas selecionados, analisaremos apenas os objetivos.

Porém, em relação às linhas de projetos de pesquisa, foram selecionadas algumas de nosso interesse para análise. Da mesma forma, em se tratando das produções, foram selecionadas aquelas voltadas ao tema "Atualização do currículo de Física".

3.2 Objetivos dos programas*

Nos objetivos gerais, as propostas dos programas dizem respeito, basicamente, à formação do professor-pesquisador, ao desenvolvimento de atividades de ensino e pesquisa sobre a relação entre educação e ciência e à produção de conhecimento em educação em ciência. Porém, a investigação das práticas sociais nas universidades e nas escolas e o intercâmbio de cooperação com outras instituições educacionais em nível local, regional e internacional são, respectivamente, os objetivos dos programas Educação em Ciências: Química da Vida e Saúde da UFRGS e Ensino das Ciências da UFRPE. A formação do professor-pesquisador na área de Ensino de Ciências corresponde a um dos objetivos de todos programas, como o Interunidades da USP, que, além de completar e aperfeiçoar a formação acadêmica, estimula a pesquisa e o ensino científico em geral. Os programas da UEL e da Unesp têm a formação voltada para um perfil específico de professor-pesquisador, e o programa da UFBA visa à formação de pesquisadores que investiguem história e filosofia das ciências com implicações para o ensino de Ciências. A qualificação docente corresponde a uma das temáticas dos programas das instituições: UFRN, UFRPE, UnB e UFRGS (mestrado acadêmico e profissional), voltados aos professores que atuam na educação básica e no ensino superior.

* Este item foi desenvolvido com dados retirados do *site* da Capes, da Sociedade Brasileira de Física (SBF) e de instituições de ensino superior citadas na obra.

É interessante notar que os programas da UFRN, da UnB e da UFRGS desenvolvem mestrados profissionais e estão voltados à formação de caráter de **terminalidade**, ou seja, não há nessa modalidade uma continuação de estudos no programa, pois este visa, prioritariamente, à melhoria da qualificação profissional docente da educação básica. Ou seja, o programa está voltado aos profissionais em atividade no sistema de ensino.

Os programas em questão possuem objetivos específicos, com os quais demarcam as intenções de pesquisas que surgiram nas suas respectivas linhas. Nos parágrafos seguintes, há uma rápida análise dos objetivos específicos dos programas mencionados, vinculados especificamente ao ensino de Ciências ou, mais particularmente, ao ensino de Física.

O programa de pós-graduação Ensino de Ciências e Educação Matemática da UEL, por meio da construção do conhecimento em ciências, tem por objetivo específico investigar a elaboração e a utilização de tecnologias e de materiais didáticos diversos, como também formas, modelos, estratégias, metodologias e enfoques que possibilitam essa construção. Entretanto, mediante investigações e reflexões acerca dos fundamentos epistemológicos, sociais e culturais do saber escolar e do conhecimento em ciências, o programa também tem como objetivo contribuir e desenvolver reflexões sobre os processos de ensino-aprendizagem e produzir conhecimentos sobre esses processos. Busca, ainda, investigar como os diferentes espaços (salas de aula, laboratórios, centros e museus de ciência) influenciam na construção do conhecimento dos discentes e nas soluções para questões suscitadas pela prática docente nos diferentes níveis de ensino na área de ciências.

O programa de pós-graduação Educação Científica e Tecnológica da UFSC, de forma específica, tem como objetivos o desenvolvimento de atividades sobre a compreensão do processo de ensino-aprendizagem e a formação de educadores e pesquisadores capazes de entender e investigar a produção das ciências básica, aplicada e tecnológica e suas formas de transposição, adaptação e socialização, buscando a apropriação pelo educando da produção do conhecimento científico e tecnológico, da dinâmica social da ciência e da tecnologia e da contextualização do seu ensino.

Já a UFRPE tem como objetivo específico, no seu programa de pós--graduação Ensino das Ciências, a construção com os mestrandos de uma visão ampla sobre pesquisa, por meio da discussão de questões fundamentais de áreas das ciências humanas e de áreas tradicionais das ciências exatas. Esse programa também busca a qualificação de pesquisadores e professores para enfrentarem os desafios educacionais em diversos contextos. Enquanto a UnB, em seu programa de pós-graduação, tem como objetivo, para o ensino de Física, fomentar a produção e a difusão de novos recursos instrucionais e ampliar o número de profissionais docentes qualificados com alto nível de formação, abordando questões de ensino-aprendizagem, currículo e sistema escolar na perspectiva da Educação em Ciências. Esse programa também tem por objetivo consolidar estratégias de articulação em pesquisa, ensino e extensão nas áreas de ensino de Química e de Física e estabelecer intercâmbios institucionais com escolas da educação básica. Esse programa visa também ao fortalecimento dos grupos de pesquisa em ensino de Química e de Física da UnB, consolidando a sua liderança como núcleo de difusão das pesquisas nessas áreas na região Centro-Oeste do Brasil.

Para a Unesp/Bauru, o programa Educação para a Ciência tem por objetivo específico a geração de produção intelectual e científica que possa contribuir para um ensino de ciências. Em torno disso, busca-se contribuir para que o docente esteja apto a exercer uma ação didática que supere o conhecimento empírico ou de senso comum; desenvolver projetos coletivos que estimulem a disseminação da cultura científica e tecnológica, além da articulação do ensino de ciências à realidade e às necessidades da população estudantil, estabelecendo as relações entre ciência, tecnologia, sociedade, ambiente, desenvolvimento humano e qualidade de vida, assim como entre os conhecimentos de história e os de filosofia da ciência. Observam-se ainda como objetivos a conversão do ensino de ciências em espaço de formação cultural e de cidadania e a compreensão de que as decisões sobre currículos, estratégias de ensino e procedimentos metodológicos derivam necessariamente de visões de mundo e de posicionamentos político-sociais que os professores assumem, resultando, portanto, no fato de que o ensino não pode ser considerado uma atividade neutra.

Em relação ao curso de doutorado, destaca-se nesse programa o seguinte objetivo específico: fomentar o embasamento e a autonomia para a liderança de projetos de pesquisa e a promoção de ações educacionais, orientadas para a significativa melhoria da educação escolar no âmbito das especialidades pretendidas. No que se refere ao perfil do pesquisador que pretende obter nível de mestrado e doutorado, o programa tem como objetivos:

~ proporcionar uma fundamentação básica para a pesquisa em ensino de ciências;
~ promover uma compreensão aprofundada acerca da cultura científica (história, linguagem, resultados e epistemologia) e das consequências positivas e negativas que os avanços científico e tecnológico podem produzir sobre a sociedade, o ambiente e a qualidade de vida;
~ fomentar competências relacionadas à produção e à disseminação de conhecimentos relevantes sobre conteúdo e forma no ensino de Ciências e Matemática e, finalmente, despertar esforços profissionais em torno da meta mais ampla de contribuir para a construção de uma sociedade verdadeiramente justa, democrática e plural.

Para o programa de mestrado Educação em Ciências: Química da Vida e Saúde da UFRGS, os objetivos são estabelecer interações entre o fazer ciência e o ensinar ciência e, de forma mais específica, criar novas experiências pedagógicas, visando possíveis mudanças nos ensinos básico, médio e superior no que se refere ao ensino de ciências, bioquímica, biologia molecular e áreas afins da saúde.

Os objetivos dos programas de pós-graduação relatados dão uma amostra acerca das finalidades e das metas desses programas em relação à pesquisa em ensino de ciências e matemática. Esse panorama é importante para que se tenha conhecimento sobre o que se pesquisa e onde esta é desenvolvida. Além dessas informações, é fundamental para quem queira desenvolver um estudo conhecer de forma detalhada os métodos e os teóricos que embasam trabalhos de seu interesse.

3.3 Linhas e projetos de pesquisas

São inúmeras as linhas de pesquisas desenvolvidas em 2006 pelos programas citados que têm abrangência em ensino de ciências. No entanto, analisaremos algumas linhas de pesquisa que estejam voltadas ou vinculadas à temática "Atualização do currículo de Física".

As linhas de pesquisas associadas a essa temática estão voltadas ou vinculadas, especificamente, à inserção dos conteúdos da física do século XX na educação básica, comumente referenciada como *física moderna e contemporânea*. São elas: Renovação de conteúdos curriculares de Física, Química e Biologia – USP; Atualização curricular no ensino de Física – UFRGS; Física moderna e contemporânea no currículo da formação de professores de Física – UFRGS; Inserção de tópicos de física moderna e contemporânea (FMC) no ensino médio – UFRGS; e Inserção de tópicos de física no primeiro e segundo ciclos do ensino fundamental – UFRGS.

Observe atentamente que as linhas de pesquisas citadas propõem investigações de metodologias compatíveis com o nível de ensino e com a forma de organização e estruturação dos conteúdos da Física escolar, por meio da reelaboração de conteúdos da física clássica, da inserção da física moderna e/ou contemporânea, de estudos sobre inovações curriculares com vistas à atualização dos conteúdos de Física e de formas de melhorar a formação de professores, no que diz respeito à transposição didática de temas modernos e contemporâneos de Física e também à reestruturação dos conteúdos curriculares da Física e organização das unidades didáticas. Para os programas relacionados, têm destaque os seguintes projetos de pesquisa:

~ "A física moderna e contemporânea através dos seus experimentos e aplicações" – UFRGS;
~ "A física na formação de professores para as séries iniciais do ensino fundamental" – UFRGS;
~ "Conteúdos de física moderna no ensino médio" – USP;
~ "Facetas do conhecimento físico" – USP;
~ "Implementação de unidades didáticas conceituais sobre tópicos de FMC à luz de referenciais epistemológicos contemporâneos" – UFRGS;
~ "Investigação de propostas didáticas de inserção da física moderna e contemporânea no currículo da formação de professores" – UFRGS;
~ "Organização e estruturação do conteúdo curricular para a aprendizagem dos conceitos científicos" – USP;
~ "Unidades didáticas sobre tópicos de física moderna e contemporânea (FMC) no ensino médio" – UFRGS;
~ "Unidades didáticas sobre tópicos de FMC no ensino médio" – UFRGS.

Para os projetos de pesquisas citados, verificou-se que eles estão voltados, basicamente, para as investigações sobre a relação entre formação inicial e/ou continuada e atualização do currículo de Física na educação básica. Portanto, os projetos das linhas de pesquisa dos programas de pós-graduação da UFRGS, na perspectiva da atualização do currículo de Física e formação docente, exploram experimentos e aplicações para a introdução de tópicos de FMC, desenvolvendo unidades didáticas conceituais na formação inicial e continuada de professores de ciências. Também em relação à formação inicial o programa busca refletir sobre o papel da física nessa formação.

Já os projetos de pesquisa do programa Ensino de Ciências (Modalidades: Física, Química e Biologia) da USP buscam desenvolver atividades que tratam da física moderna em uma perspectiva cognitivista e analisam as faces que compõem o conhecimento da física: as questões fenomenológica e teórica e o uso de modelos. Esses projetos também contemplam o processo de formação e/ou aperfeiçoamento de professores de Física, procurando estudar a função do planejamento pedagógico nas práticas de ensino.

3.4 Produções bibliográficas

Em relação às produções bibliográficas, é interessante notar que houve um grande número de produções nos 50 programas da área de Ensino de Ciências e Matemática da Capes, em 2006. Esses estudos, acessíveis para consulta, estão publicados em periódicos, anais, livros e, no caso dos trabalhos de dissertação e teses, disponibilizados pelo próprio programa, mas iremos analisar apenas alguns que estejam relacionados com a temática "Atualização no currículo de Física".

Observe também que as produções relacionadas a seguir (reproduzidas exatamente como encontradas nas referências) estão restritas aos programas da USP e da UFRGS, pois as linhas e os projetos de pesquisa em questão são oriundos dessas instituições.

BROCKINGTON, J. G. O.; PIETROCOLA, M. Serão as regras da transposição didática aplicáveis aos conceitos de física moderna? **Investigações em Ensino de Ciências**, Porto Alegre, v. 10, n. 3, dez. 2005. Disponível em: <http://www.if.ufrgs.br/public/ensino/>. Acesso em: 1º dez. 2007.

Resumo

Este trabalho é parte de uma pesquisa envolvendo proposta de atualização curricular. Os conteúdos de Física Moderna e Contemporânea estão, em geral, ausentes das aulas do Ensino Médio. Neste trabalho nos propomos a analisar os requisitos necessários para a inserção de elementos de Mecânica Quântica nas aulas do Ensino Médio. A análise teórica será feita com base na teoria de "Transposição Didática", proposto por Yves Chevallard, a partir da qual apontamos alguns elementos que questionam a aplicabilidade de suas regras aos temas desta "nova" Física.

NICOLI JUNIOR, R. B.; MATTOS, C. R. Uma análise de livros didáticos de Física das décadas de 50 e 60. In: ENCONTRO DE PESQUISA EM ENSINO DE FÍSICA, 10., 2006, Londrina. **Anais...** São Paulo: SBF, 2006. Disponível em: <http://www.sbf1.sbfisica.org.br/eventos/epef/x/sys/resumos/t0044-1.pdf>. Acesso em: 1º dez. 2007.

Resumo

Este trabalho tem por objetivo expor uma visão de como o conteúdo de cinemática de livros didáticos de Física era tratado nas décadas de 50 e 60. Sendo assim, foram levantados livros a partir de entrevistas com professores universitários de Física e Química, dos quais foram analisadas as introduções e o conteúdo de cinemática. Os livros foram encontrados na Biblioteca do Livro Didático da Faculdade de Educação da Universidade de São Paulo (BLD-FEUSP). Para o levantamento dos dados foi feita uma busca no Banco de Dados LIVRES que, além dos livros da BLD-FEUSP, possui cadastrado de livros de várias outras bibliotecas da Capital e interior paulista. Nesta análise preliminar procurou-se observar as influências sociais e históricas que levaram os livros didáticos de Física a abordarem a cinemática como tal, procurando evidências por meio da linguística e da Análise do Discurso que fundamentassem essa visão. Dessa forma, foram analisadas as principais reformas ocorridas no período em questão e as principais mudanças impostas pelas leis considerando o livro didático como um reflexo dessas mudanças.

WEBER, M. C. M. **Inserção de mecânica quântica no ensino médio**: uma proposta para professores. 138 f. Tese (Mestrado profissional em Ensino de Física) – Instituto de Física, Universidade Federal do Rio Grande do Sul, Porto Alegre, 2006. Disponível em: <http://www.if.ufrgs.br/mpef/>. Acesso em: 8 fev. 2008.

Resumo

Este trabalho apresenta a elaboração, aplicação em sala de aula e os resultados da proposta de um curso introdutório à mecânica quântica para futuros professores de ensino médio. O curso foi aplicado na Universidade de Passo Fundo como parte de uma disciplina do curso de licenciatura em Física. A proposta tem como marco teórico a teoria cognitiva de Piaget. O curso desenvolvido faz uso sistemático de novas tecnologias de comunicação, com destaque para o software Doppelspalt, u$tilizado [sic] para promover o aprendizado significativo de alguns dos conceitos mais básicos da mecânica quântica. Como produto educacional, foi produzido material instrucional que compreende o texto completo envolvendo os conteúdos abordados e os roteiros exploratórios elaborados e usados em atividades virtuais. Com a elaboração do curso, espera-se facilitar a inserção da mecânica quântica no ensino médio, através de um produto educacional testado e adequado à realidade do ensino oferecido aos futuros professores. A proposta leva em conta, também, as recomendações dos Parâmetros Curriculares Nacionais, no sentido de uma progressiva inserção da física do século XX no ensino médio.

SIQUEIRA, M. R. da P. **Do visível ao indivisível:** uma proposta de física de partículas elementares para educação básica. 257 f. Dissertação (Mestrado em Ensino de Ciências) – Instituto de Física e Faculdade de Educação, Universidade de São Paulo. Disponível em: <http://www.if.usp.br/cpgi/DissertacoesPDF/Maxwell.pdf>. Acesso em: 8 fev. 2008.

Resumo

Na perspectiva da inserção da Física Moderna e Contemporânea, foi elaborada uma proposta de Física de Partículas Elementares através de uma sequência didática, com textos e atividades que buscaram levar esse tópico para jovens do Ensino Médio das escolas públicas do estado de São Paulo.

Para analisar a sequência didática elaborada, buscou-se na didática da Ciência um instrumento teórico, a Transposição Didática. Essa teoria já havia sido utilizada para analisar outras propostas de cursos, mostrando-se conveniente para analisar o processo de adaptação do saber, desde sua origem até à sala de aula.

Assim, esse trabalho elaborou, aplicou e analisou uma proposta de ensino de tópicos de Física de Partículas Elementares para jovens do E.M. de escolas públicas na cidade de São Paulo. Concluindo que é possível levar este conhecimento para a sala de aula, estando ao alcance dos alunos e dos professores.

Nas produções relacionadas, os autores desenvolveram investigações sobre a inserção de conteúdos da física do século XX na educação básica, mecânica quântica e física de partículas elementares. No entanto, é interessante observar o trabalho de análise do conteúdo de cinemática nos livros didáticos das décadas de 1950 e 1960 e as influências sociais e históricas que levaram essas obras a abordarem o conteúdo de cinemática.

Essas produções nos dão uma mostra da riqueza de informações que podemos obter pela leitura desses materiais, pois dizem respeito aos conteúdos de ensino que ministramos nas aulas de Física. Portanto, proporcionam o enriquecimento de nossos textos com informações que não estão nos manuais didáticos, inclusive com outras metodologias de ensino.

Síntese

Vimos, neste capítulo, algumas propostas de pesquisa desenvolvidas nos programas de pós-graduação das instituições de ensino superior no Brasil e os objetivos gerais voltados à formação de professores-pesquisadores, ao desenvolvimento de atividades para o ensino e a pesquisa, à produção de conhecimento em educação em ciência e ao intercâmbio interinstitucional. Em relação às linhas de pesquisa, analisamos aquelas com a temática "Atualização do currículo de Física", cujos projetos estão voltados às investigações metodológicas, às formas de organização e à reestruturação dos conteúdos curriculares e à transposição didática de temas da física moderna. Por meio do recorte mencionado, também vimos algumas produções bibliográficas oriundas dos programas da USP e da UFRGS.

Atividades de Autoavaliação

1. Em relação às universidades e aos programas de pós-graduação credenciados pela Capes, relacione os itens, marcando a sequência correta:
   1. Universidade Federal de Santa Catarina – UFSC
   2. Universidade Estadual de Londrina – UEL
   3. Universidade Estadual Paulista "Júlio de Mesquita Filho" – Unesp/Bauru

4. Universidade Federal do Rio Grande do Norte – UFRN
5. Universidade Federal Rural de Pernambuco – UFRPE
6. Universidade Federal da Bahia – UFBA
7. Universidade Federal do Rio Grande do Sul – UFRGS
8. Universidade de São Paulo – USP
9. Universidade de Brasília – UnB

( ) Programa de pós-graduação Educação em Ciências: Química da Vida e Saúde e em Ensino de Física.
( ) Programa de pós-graduação Educação Científica e Tecnológica – (M/D).
( ) Programa de pós-graduação Ensino de Ciências e Educação Matemática.
( ) Programa de pós-graduação Ensino de Ciências Naturais e Matemática.
( ) Programa de pós-graduação Educação para a Ciência.
( ) Programa de pós-graduação Ensino das Ciências.
( ) Programa de pós-graduação Ensino de Ciências (Modalidades: Física, Química e Biologia).
( ) Programa de pós-graduação Ensino, Filosofia e História das Ciências.
( ) Programa de pós-graduação em Ensino de Ciências.

a) 2, 5, 4, 1, 3, 6, 8, 7, 9.
b) 1, 3, 5, 4, 9, 6, 8, 2, 7.
c) 9, 3, 7, 2, 1, 4, 6, 8, 5.
d) 7, 1, 2, 4, 3, 5, 8, 6, 9.

2. Em relação aos objetivos gerais dos programas de pós-graduação, assinale (F) se a sentença for falsa e (V) se for verdadeira:
( ) A formação de professores-pesquisadores na área de ensino de

ciências é um dos objetivos de todos os programas estudados, em que o programa Ensino de Ciências (Modalidades: Física, Química e Biologia), além de completar e aperfeiçoar a formação acadêmica, estimula a pesquisa e o ensino científico em geral.

( ) O programa de pós-graduação Ensino das Ciências visa à formação de pesquisadores que investiguem história e filosofia das ciências com implicações para o ensino de ciências.

( ) A produção de conhecimento em educação científica, apesar de ser inerente a todos os programas relacionados, teve destaque nos objetivos gerais apenas nos programas Educação para a Ciência e Ensino de Ciências (Modalidades: Física, Química e Biologia).

( ) Os programas de pós-graduação das universidades UFRN, UnB e UFRGS (exceto os acadêmicos) estão voltados à melhoria da qualificação profissional docente da educação básica, ou seja, o programa é direcionado aos profissionais em atividade no sistema de ensino.

3. Em relação aos objetivos específicos dos programas de pós-graduação estudados, assinale a alternativa **incorreta**:

a) São objetivos específicos do programa Ensino de Ciências e Educação Matemática: investigar a elaboração e a utilização de tecnologias e de materiais didáticos diversos e contribuir na busca de soluções para questões suscitadas pela prática docente, nos diferentes níveis de ensino na área de ciências, entre outros.

b) O programa de pós-graduação Educação Científica e Tecnológica objetiva desenvolver atividades sobre a compreensão do processo de ensino-aprendizagem e a formação de educadores e pesquisadores.

c) Os programas Ensino das Ciências e Ensino de Ciências, respectivamente, objetivam também construir uma visão ampla sobre a pesquisa em ensino de Ciências e consolidar a sua liderança como núcleo de difusão das pesquisas nessa área, na região Centro-Oeste do Brasil.

d) O programa de pós-graduação Ensino de Física da UFRGS possui como objetivo específico estabelecer interações entre o fazer ciência e o ensinar ciência.

4. Em relação aos programas de pós-graduação estudados e às respectivas linhas de pesquisa, associe a segunda coluna de acordo com a primeira e, depois, assinale a alternativa que apresenta a sequência correta.

1. Programa de pós-graduação Educação em Ciências: Química da Vida e Saúde.
2. Programa de pós-graduação Educação Científica e Tecnológica.
3. Programa de pós-graduação Educação para a Ciência.
4. Programa de pós-graduação Ensino de Ciências (Modalidades: Física, Química e Biologia).
5. Programa de pós-graduação Ensino de Física.

( ) Renovação de conteúdos curriculares de Física, Química e Biologia.
( ) Atualização curricular no ensino de Física.
( ) Física moderna e contemporânea no currículo de formação de professores de Física.
( ) Inserção de tópicos de física moderna e contemporânea (FMC) no ensino médio.
( ) Inserção de tópicos de física no primeiro e segundo ciclos do ensino fundamental.

a) 2, 5, 3, 5, 3.
b) 2, 1, 5, 5, 2.
c) 3, 3, 2, 3, 4.
d) 4, 5, 5, 5, 5.

5. Em relação às produções bibliográficas citadas no item 3.4, assinale (F) se a sentença for falsa e (V) se for verdadeira:
   ( ) As produções relacionadas no item citado estão voltadas à atualização do currículo de Física na educação básica.
   ( ) O texto *Uma análise de livros didáticos de Física das décadas de 50 e 60* analisa as inserções da física moderna nas décadas de 1950 e 1960.
   ( ) O trabalho *Inserção de mecânica quântica no ensino médio: uma proposta para professores* trata de um curso introdutório à mecânica quântica.
   ( ) A teoria da transposição didática é um referencial teórico desenvolvido por todos os trabalhos relacionados no item 3.4.

Atividades de Aprendizagem

Questão para Reflexão

1. Faça uma resenha dos textos indicados a seguir, por meio dos endereços eletrônicos relacionados:

   BROCKINGTON, G.; PIETROCOLA, M. Serão as regras da transposição didática aplicáveis aos conceitos de física moderna? **Investigações em Ensino de Ciências**, Porto Alegre, v. 10, n. 3, dez. 2005. Disponível em: <http://www.if.ufrgs.br/public/ensino/vol10/n3/v10_n3_a5.html>. Acesso em: 14 maio 2008.

   WEBER, M. C. M.; RICCI, T. F. Inserção de mecânica quântica no ensino médio: uma proposta para professores. **Textos de apoio ao professor de Física**, Porto Alegre, v. 17, n. 5, 2006. Disponível em: <http://www.if.ufrgs.br/mpef/>. Acesso em: 30 maio 2008.

Atividade Aplicada: Prática

De acordo com o Capítulo 3 da dissertação indicada, elabore uma aula sobre mecânica quântica.

SIQUEIRA, M. R. da P. **Do visível ao indivisível**: uma proposta de física de partículas elementares para educação básica. 256 f. Dissertação (Mestrado) – Instituto de Física e Faculdade de Educação, Universidade de São Paulo, São Paulo, 2006. Disponível em: <http://www.if.usp.br/cpgi/DissertacoesPDF/Maxwell.pdf>. Acesso em: 14 maio 2008.

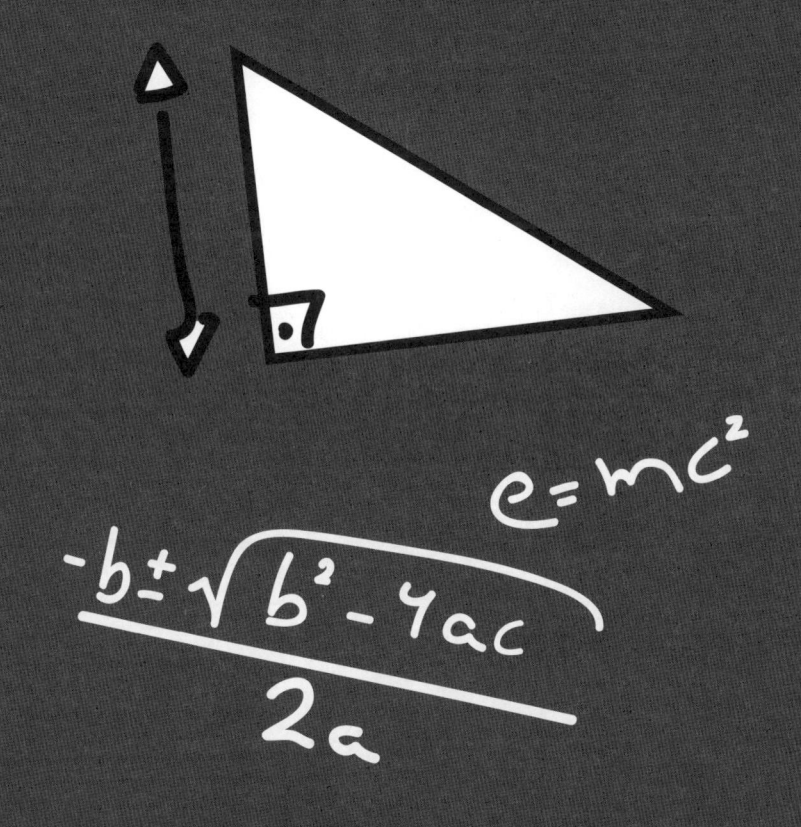

Capítulo 4

Este capítulo* tem por objetivo relatar, sob a perspectiva de uma abordagem histórica e epistemológica, a construção do conceito de campo elétrico na ciência física. Da mesma forma, será dado conhecimento sobre a gênese de outros conceitos físicos que foram criados e/ou desenvolvidos no contexto em questão. O capítulo está dividido em dois itens dispostos em uma sequência de ideias concatenadas que levará o leitor a acompanhar o desenvolvimento das concepções sobre a formulação dos conceitos de campo e, em especial, de campo elétrico.

* O conteúdo dos capítulos 4 e 5 é uma adaptação de um texto da dissertação "A construção do conceito de campo elétrico: da ciência física à física escolar", desenvolvido pelo mesmo autor deste livro. O referido texto, resultado do trabalho de pesquisa, faz uma abordagem da construção do conceito de campo elétrico.

A constituição do conceito de campo elétrico

Inicialmente, são apresentadas neste capítulo as primeiras concepções sobre o fenômeno de campo elétrico relacionadas à eletricidade e é abordada a forma como se acreditava que ocorriam as interações físicas entre corpos, ou seja, a interação dos corpos materiais a distância. Será visto também que a discussão sobre a problemática das interações físicas, seja de natureza elétrica, seja magnética ou gravitacional, é iniciada por meio da concepção mecanicista, porém com a ressalva do físico, matemático e astrônomo Sir Isaac Newton (1643-1727) sobre essa concepção. Por meio de depoimentos, o físico contesta que na mecânica newtoniana não há nenhuma comprovação de como as interações físicas ocorrem.

4.1 Origens e concepções primárias dos fenômenos elétricos

Na Grécia Antiga, os fenômenos elétricos e magnéticos ocorriam ainda sem distinção, no período compreendido entre o final do século VII e o final do século V a.C., época na qual os filósofos pré-socráticos se preocupavam com questões acerca da origem do mundo e das transformações na natureza. No século VI a.C., o filósofo, matemático e astrônomo grego Tales de Mileto (625 a.C-547 a.C.) já observava fenômenos dessa natureza ao atritar uma pedra denominada *elektron* – em grego antigo – com um pedaço de lã. Com isso, observou que essa pedra, conhecida por *âmbar*, atraía pequenos corpos. Em relação a esses fenômenos, chama a atenção o fato de que, de acordo com os historiadores da ciência, os gregos foram os primeiros a observar os **fenômenos elétricos e magnéticos** e, também, a descrevê-los.

Philisophia Magnética[*]

Em relação à eletricidade, as primeiras observações sobre a **repulsão elétrica** parecem ter sido realizadas por um italiano, o erudito jesuíta

---

[*] Imagem gentilmente cedida por John Jenkins. Para visualizar esta e outras, acesse o *site*: <www.sparkmuseum.com>.

Nicolo Cabeo (1586-1650). Nos seus trabalhos, pesquisou possíveis falhas e descuidos nos trabalhos do físico e médico inglês William Gilbert (1544-1603), ao qual adicionou novos materiais à lista dos "elétricos" e concluiu que as hipóteses de Gilbert acerca da origem do comportamento desses materiais estavam erradas. Outra importante contribuição dada foi a verificação de que, após certos objetos tocarem em outros eletrizados, eles normalmente se afastavam como se fossem repelidos, contrariando a noção de *effluvium*, substância etérea e material, proposta por Gilbert (Rocha et al., 2002, p. 191).

William Gilbert

Para iniciarmos a discussão sobre as interações entre os corpos, nos apoiaremos nas ideias de Sir Isaac Newton e na sua lei da gravidade, exposta no famoso livro *Principia (Princípios matemáticos de filosofia natural)*, em que Newton unifica a física terrestre com a física celeste pela apresentação da ideia de que a gravidade age a distância entre os corpos materiais. Embora pareça que Newton considerasse a ação a distância – concepção que pressupõe a interação entre dois corpos materiais de forma direta e instantânea – como a forma pela qual os corpos interagem entre si, pela lei do inverso do quadrado da distância, essa não era de fato a sua posição formal. Newton já havia ensaiado algumas tentativas para explicar a mecânica da gravidade, mas, não tendo êxito, procurou deixar claro que a sua obra não dava conta dessa questão "angular" no cenário científico da atualidade. Isso pode ser verificado com a leitura da citação do livro III, do *Óptica*, em que Newton, citado por Gardelli (2004, p. 29), afirma:

> *Pois sabe-se que os corpos agem uns sobre os outros pelas ações da gravidade, do magnetismo e da eletricidade; e esses exemplos mostram o teor e o curso da natureza, e não tornam improvável que possa haver mais poderes atrativos além desses. Porque a natureza é muito consonante e conforme a si mesma. Não examino aqui o modo como essas atrações podem ser efetuadas. O que chamo de atração pode-se se dar por impulso ou por algum outro meio que desconheço. Uso esta palavra aqui apenas para expressar qualquer força pela qual os corpos tendem um para o outro, seja qual for a causa.*

Nas cartas enviadas ao teólogo inglês Richard Bentley (1662-1742), em 17 de janeiro e 25 de fevereiro de 1693, Newton mostra a sua convicção sobre impossibilidade da ação a distância:

> O Sr. algumas vezes fala da gravidade como sendo essencial e inerente à matéria. Peço-lhe não atribuir esta noção a mim, pois a causa da gravidade é o que eu não pretendo saber, e portanto levaria mais tempo para considerá-la.
> Newton, carta a Bentley, 17 de janeiro de 1963 [sic].

Fonte: Thayer, 1953, citado por Gardelli, 2004, p. 29.

[...] é inconcebível que a matéria bruta, inanimada, opere sem a mediação de alguma outra coisa, não material, sobre outra matéria e a afete sem contato mútuo, como deve ocorrer se a gravitação, no sentido de Epicuro, for essencial e inerente a ela. E é por essa razão que desejei que você não atribuísse a gravidade inata a mim. Que a gravidade deve ser inata, inerente e essencial à matéria, de modo que um corpo pudesse atuar sobre outro a distância, através de um vácuo, sem a mediação de qualquer outra coisa, por cujo intermédio sua ação e força pudesse ser transmitida de um corpo a outro, é para mim um absurdo tão grande que eu acredito que nenhum homem dotado de uma faculdade de pensamento competente em questões filosóficas jamais possa cair nele. A gravidade deve ser causada por um agente que atua constantemente de acordo com certas leis; mas se esse agente é material ou imaterial é uma consideração que deixo para os meus leitores.
Newton, carta a Bentley, 25 de fevereiro de 1963 [sic].

Fonte: Thayer, 1953, citado por Gardelli, 2004, p. 29.

Isaac Newton   Opticks

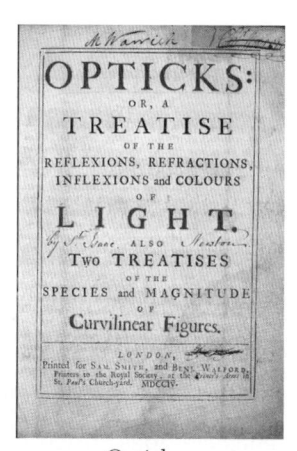

Ainda em relação à sua posição, leia o que Newton, citado por Gardelli (2004, p. 30), escreveu no Escólio Geral da segunda edição do *Principia*, de 1713:

> Até aqui explicamos os fenômenos dos céus e do nosso mar pelo poder da gravidade, mas ainda não designamos a causa desse poder. É certo que ele deve provir de uma causa que penetra nos centros exatos do Sol e planetas, sem sofrer a menor diminuição de sua força que opera não de acordo com a quantidade das superfícies das partículas sobre as quais ela age (como as causas mecânicas costumam fazer), mas de acordo com a quantidade da matéria sólida que elas contêm, e propaga sua virtude em todos os lados a imensa distância. [...] Mas até aqui não fui capaz de descobrir a causa dessas propriedades da gravidade a partir dos fenômenos, e não invento nenhuma hipótese; pois tudo que não é deduzido dos fenômenos deve ser chamado uma hipótese; e as hipóteses, quer metafísicas ou físicas, quer de qualidades ocultas ou mecânicas, não têm lugar na filosofia experimental. Nessa filosofia, as proposições particulares são inferidas dos fenômenos, e depois tornadas gerais pela indução. [...] E para nós é suficiente que a gravidade realmente exista e atue de acordo com as leis que explicamos e que são suficiente para dar conta de todos os movimentos dos corpos celestes e de nosso mar.

Como foi observado nos textos apresentados, apesar de a obra newtoniana mostrar que corpos materiais interagem a distância, de não dar explicações sobre como isso ocorre e de os seguidores dessa filosofia admitirem a ação a distância nas interações dos corpos, o próprio Newton achava isso um absurdo. Observe que a maioria dos "newtonianos" no século XVIII afirmava que a força gravitacional era uma ação direta a distância, por meio da formulação da lei de Coulomb, que tinha como um dos seus principais pressupostos a ação a distância. Tal lei foi estabelecida pelo físico francês Charles Augustin de Coulomb

(1736-1806) e dizia que as forças eletrostáticas e magnéticas, entre os polos dos ímãs, obedeciam à lei do inverso do quadrado da distância (Martins, 2005, p. 12). Assim, para fenômenos ainda não conhecidos, o esperado era que as leis físicas que pudessem representá-los tivessem uma simetria análoga às leis já então formuladas.

4.2 A quebra da simetria e o conceito de campo

No final do século XIX, um novo fenômeno físico, associado a uma corrente elétrica que gerava um **campo magnético ao redor do fio**, foi descoberto pelo cientista dinamarquês, físico e químico Hans Christian Orsted (1777-1851), da Universidade de Copenhage. "Durante toda a sua carreira acadêmica, ele [Orsted] aderiu à opinião que os efeitos magnéticos são produzidos pelos mesmos efeitos que os elétricos" (Martins, 1986, p. 95). A seguir, há um relato interessante da descrição da aula em que o efeito eletromagnético foi observado, feito por Martins (1986, p. 99):

Hans Christian Orsted

No inverno de 1819-1820, ele [Orsted] apresentou um curso de conferências sobre eletricidade, galvanismo e magnetismo, diante de uma audiência previamente familiarizada com os princípios da filosofia natural. Ao preparar a conferência na qual versaria sobre a analogia entre magnetismo e eletricidade, conjecturou que, se fosse possível produzir algum efeito magnético pela eletricidade, isso não poderia ocorrer na direção da corrente, pois tal havia sido frequentemente tentado em vão; mas que deveria ser produzido por uma ação lateral [...].

Assim como os efeitos luminosos e caloríficos da corrente elétrica saem de um condutor em todas as direções, quando este transmite uma grande quantidade de eletricidade; assim, imaginou ser possível que o efeito magnético se irradiasse de forma semelhante. As observações registradas acima, dos efeitos magnéticos produzidos por raios em agulhas que não foram diretamente atingidas, confirmaram-no em sua opinião. Ele estava longe de esperar um grande efeito magnético da pilha galvânica; supôs que poderia ser exigido um poder suficiente para tornar incandescente o fio condutor.

O plano da primeira experiência consistia em fazer a corrente de um pequeno aparelho galvânico de frascos, comumente usado em suas conferências, passar através de um fio de platina muito fino, colocado sobre a bússola coberta com vidro. A experiência foi preparada, mas como acidentalmente ele foi impedido de ensiná-la antes da aula, planejou adiá-la para outra oportunidade; no entanto, durante a conferência, pareceu-lhe mais forte a probabilidade de seu sucesso, e assim realizou a primeira experiência na presença da audiência. A agulha magnética, embora fechada em uma caixa, foi perturbada; mas, como o efeito era muito fraco, e deveria parecer muito irregular, antes da descoberta de sua lei, a experiência não impressionou fortemente o público [...].

No mês de julho de 1820, Orsted novamente retornou à experiência, utilizando um aparelho galvânico muito mais poderoso. O sucesso *foi agora evidente, embora os efeitos fossem ainda fracos nas primeiras repetições do experimento, pois foram empregados fios muito finos, supondo que o efeito magnético não ocorreria quando a corrente galvânica não produzisse calor e luz. Porém, ele logo descobriu, por experiências continuadas durante alguns dias, a lei fundamental do eletromagnetismo, a saber, que o efeito magnético da corrente elétrica tem um movimento circular em torno dela.*

Após se sentir suficientemente seguro de seus resultados, Orsted escreveu um artigo, em latim, em 21 de julho de 1820, chamado *O experimenta circa effectum conflictus electrici in acum magnetican (Experiências sobre o efeito do conflito elétrico sobre a agulha magnética)* e o envia para o maior jornal científico da Europa. O trecho a seguir, de 1827, mostra a grande resistência da comunidade científica à compreensão do efeito magnético provocado pela corrente elétrica, sob o ponto de vista da simetria do fenômeno. Orsted, citado por Martins (1986, p. 105), refere-se a essa oposição da seguinte forma:

*A **ideia de rotações magnéticas em torno do fio de conexão gerou muita oposição** ao ser publicada pela primeira vez. O professor Schweigger objetou a ela que, se tais rotações existissem, seria possível fazer um ímã girar em torno do fio de conexão. O Dr. Wollaston tirou a mesma conclusão, mas com atitude oposta: considerando provável esse resultado, ele inventou um instrumento para demonstrá-lo. A experiência foi interrompida por acidente, e o Sr. Faraday a retomou, realizando uma extensa série de experiências sobre o assunto.* [grifo nosso]

A seguir, temos o que Orsted, citado por Martins (1986), fala dos resultados de suas experiências:

O conflito elétrico* apenas atua sobre as partículas magnéticas da matéria. Todos os corpos não magnéticos parecem ser permeáveis ao conflito elétrico; mas os [corpos] magnéticos, ou suas partículas magnéticas, resistem à passagem desse conflito magnético [?], o que faz com que possam ser movidas pelo ímpeto das forças em luta.

As observações expostas mostram que o conflito elétrico não está confinado ao fio condutor, mas está amplamente disperso no espaço circunjacente a ele.

Também se pode concluir das observações que esse conflito age por rotações ["gyros"], pois parece que essa é a condição sem a qual não se pode compreender que a mesma parte do fio de conexão, colocado abaixo do polo magnético o leve para leste, e colocado acima dele o mova para oeste; pois tal é a natureza da rotação, que movimentos em partes opostas possuam direções opostas.

Todos os efeitos aqui expostos, relativamente ao polo norte, são facilmente compreendidos, supondo-se que a força ou matéria elétrica negativa percorre uma linha espiral dobrada para a direita, e empurra o polo norte, mas não age sobre o [polo] sul. Pode-se explicar de forma semelhante os efeitos sobre o polo sul, se atribuirmos à força ou matéria elétrica positiva um movimento contrário, e o poder de agir sobre o polo sul, mas não sobre o polo norte.

---

* Concepção desenvolvida por Orsted que considerava que, no interior dos condutores portadores dos fluidos elétricos, ocorria o encontro das duas eletricidades – a positiva e a negativa. Estas se aniquilavam e depois se separavam; logo adiante, novamente, aniquilavam-se e separavam-se e assim sucessivamente. Portanto, a corrente teria dois fluxos contrários, lutando entre si e se movendo por impulsos sucessivos (MARTINS, 1986, p. 116).

Esse resultado mostrava outro fato, também muito importante: a direção da força entre a agulha imantada e um fragmento de corrente não mantinha a simetria das leis do inverso do quadrado da distância já verificadas para a gravidade, a interação eletrostática e a força magnética entre os polos de ímãs. Na seguinte citação, Ben-Dov (1996, p. 99) destaca:

> Ao contrário do que o modelo de força newtoniano sugeria, a agulha se orientava não paralelamente, mas perpendicularmente ao fio condutor. Além disso, quando era colocada acima do fio, a agulha tomava uma direção inversa àquela observada quando estava sob o fio. Como essa experiência sugeria que a linha de ação da força magnética é um círculo em torno do fio, havia necessidade de uma nova teoria para explicar essa força evidentemente estranha ao esquema newtoniano das linhas de ação retilíneas.

Isso constituiu o ponto de partida para as investigações de André-Marie Ampère (1775-1836) em eletrodinâmica e de Michael Faraday (1791-1867) no conceito de campo e indução eletromagnética, pois, por meio da descoberta de Orsted, a ideia de forças diretas a distância tornou-se mais problemática. Para Ampère, o efeito magnético produzido por uma corrente elétrica devia ser substituído por uma abordagem eletrodinâmica de forças a distância entre correntes elétricas. No entanto, Faraday propôs uma visão para os fenômenos eletromagnéticos que supunha a existência real de **linhas de força**, mesmo em um espaço vazio da matéria.

André-Marie Ampère   Michael Faraday

Durante as investigações de Ampère, ele encontrou dois resultados importantes associados ao eletromagnetismo. Descobriu que dois fios retilíneos e paralelos se atraíam, quando uma corrente elétrica de mesmo sentido passava por eles, e repeliam-se, caso as correntes nos fios fossem de sentidos contrários. Esse resultado restabeleceu, em parte, a ordem newtoniana para todos os fenômenos eletromagnéticos – de que as forças agiam de acordo com a lei do inverso do quadrado da distância, cuja ideia central era a ação a distância entre os corpos. Citado por Gardelli (2004, p. 64), Tricker mostra o que Ampère diz: "Guiado pela filosofia newtoniana, eu reduzi o fenômeno observado pelo Sr. Orsted, da forma como tem sido feito para todos os fenômenos naturais semelhantes às forças agindo ao longo da linha reta que une as duas partículas entre as quais a ação é exercida". Isso resultou em uma aceitação de suas ideias, que foram posteriormente desenvolvidas pelo físico alemão Wilhelm Eduard Weber (1804-1891) no desenvolvimento de sua teoria eletromagnética. Uma outra contribuição de Ampère foi o experimento que consistia em um fio enrolado em um tubo de vidro, denominado por ele de *solenoide*, que, ao ser percorrido por uma corrente, produzia o mesmo efeito que um ímã permanente.

No período em que a questão da ação a distância ainda ecoava firmemente nas academias de ciências por todo o mundo científico, começava a "tomar corpo" a contribuição de Faraday, que já tinha uma boa formação experimental no Royal Institution, em Londres.

Segundo Tort, Cunha e Assis (2004, p. 279), o método científico da época consistia na aplicação das ideias da matemática e da astronomia. Faraday, portanto, não teve oportunidade de adquirir conhecimento dessa natureza, ficando impossibilitado de seguir a linha de pensamento que tinha levado os filósofos franceses às descobertas, o que o levou a seguir um outro caminho – o uso de simbolismo para explicar o que podia entender.

Com o objetivo de compreender o conceito de campo, é importante observar que Faraday propôs uma abordagem totalmente diferente da concepção de ação a distância, que se funda no **conceito de campo**. Ele imaginou uma imagem inspirado no fenômeno da limalha de ferro quando espalhada em torno de um ímã e observou as curvas descritas pelos fragmentos da limalha que ligavam os dois polos do ímã. De forma análoga, Faraday propôs então um modelo de linha de forças que se estendia em torno do ímã, emergindo de seu polo norte para convergir ao polo sul (Ben-Dov, 1996, p. 101).

Para visualizar concretamente esse modelo, observe a figura:

Figura 1 – Representação dos fenômenos elétrico e magnético por linhas de campo

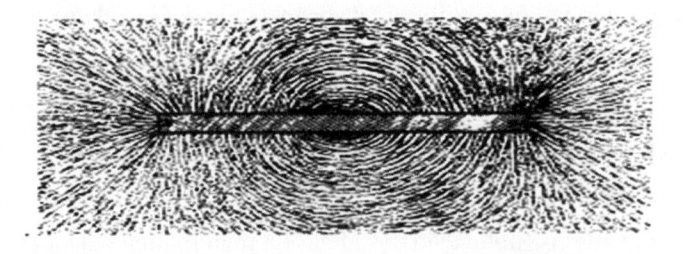

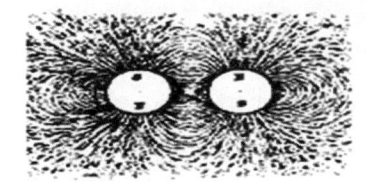

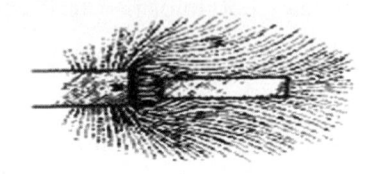

Fonte: SILVA, 2002.

Contrário ao conceito de ação a distância, Faraday propôs no seu modelo que essa ação se dava por certo meio que era preenchido pelas linhas de força. A esse espaço, Faraday denominou de *campo de forças* (Rocha et al., 2002, p. 259).

Faraday, citado por Tort, Cunha e Assis (2004, p. 259), relatou:

> Seria um abandono desnecessário e caprichoso da ajuda mais valiosa se um experimentalista, que escolhe representar a intensidade magnética por meio de linhas de força, negasse a si mesmo o uso de limalha de ferro. Por meio de sua utilização ele pode tomar muitas condições de intensidade, mesmo em casos complicados, imediatamente visíveis aos olhos, pode acompanhar em que direção esta intensidade está crescendo ou diminuindo, e em sistemas complexos pode determinar os pontos neutros, lugares nos quais não há nem polaridade nem intensidade, mesmo que eles estejam localizados no meio de ímãs muito poderosos. Por meio de seu emprego, resultados prováveis podem ser vistos imediatamente, e muitas sugestões valiosas para conduzir futuros experimentos podem ser obtidas.

Para a compreensão das interpretações sobre essas linhas de força, Ben-Dov diz (1996, p. 101):

> *a atração e a repulsão entre polos de ímãs diferentes se explicavam por uma afinidade entre a convergência ou a divergência das linhas de força e um antagonismo das convergências ou das divergências. Faraday batizou de "campo magnético" (grifo meu) esse conjunto de linhas de forças e interpretou também a atração e a repulsão entre cargas elétricas pela ação de um "campo elétrico" (grifo meu) composto de linhas de forças que levavam de uma carga elétrica positiva a uma carga elétrica negativa.*

Como conclusão à ideia de campo, pode ser observada a seguir a distinção entre a lei do inverso do quadrado da distância e a abordagem de campo, por Faraday, citado por Ben-Dov (1996, p. 101):

> *a abordagem de Faraday se distinguia das leis do inverso do quadrado da distância pelo fato de evitar o problema da ação a distância. De fato, consideremos dois polos magnéticos opostos, pertencentes a dois ímãs diferentes. Afirmando-se que cada um desses polos gera em sua vizinhança um campo magnético que, mediando as ações magnéticas, exerce uma força sobre o outro polo, deixa de ser necessário postular uma ação à distância entre os polos.*

A discussão sobre o conceito de campo aponta para duas concepções em relação à ação de forças, a **ação a distância** e a **ação por meio de um campo**, que foram defendidas por importantes físicos e grandes personagens da história da ciência. Dessa forma, tal questão foi fundamental para a criação do conceito de campo elétrico, sendo importante tomar conhecimento sobre ela quando esse conceito é ensinado aos alunos de Física no ensino médio. A principal razão para essa preocupação reside na raiz do problema, ou seja, deve-se ensinar o conceito de campo elétrico sob a perspectiva da **ação por meio do campo**, que é a concepção adotada no ensino de Física. Tal fato se justifica porque, atualmente, em qualquer nível de ensino, as interações eletromagnéticas entre os corpos se explicam por meio dessa perspectica. Porém, no desenvolvimento desse conteúdo de ensino, algumas vezes estão envolvidas as duas concepções – a **ação a distância** e a **ação por meio de um campo**, não havendo distinção entre elas nem uma contextualização histórica da sua gênese.

Síntese

Neste capítulo, estudamos o relato histórico e epistemológico da constituição do conceito de campo elétrico, por meio dos primeiros fenômenos relacionados à eletricidade. Inicialmente, as interações entre os corpos ocorriam a distância e conforme a lei gravitacional de Newton ou a lei de Coulomb para a eletricidade estática, que estabelecem entre si certa simetria.

Lembremos que o grande acontecimento científico e histórico que quebrou essa regra ou simetria acerca das interações físicas foi a descoberta de Orsted, em 1820, sobre o efeito magnético provocado pela eletricidade. A partir desse acontecimento, vários cientistas, entre eles Faraday e Ampère, empenharam-se na procura de explicações científicas para o fenômeno descoberto e originaram a outra vertente para explicar o fenômeno, provocando discussões e discordâncias acerca do efeito magnético.

Para o conceito de campo, ao contrário da concepção de ação a distância, Faraday propôs que as interações físicas ocorrem por meio de um campo de forças similar ao fenômeno da limalha de ferro espalhada sobre uma superfície imantada.

Atividades de Autoavaliação

1. Sobre as origens e as concepções primárias dos fenômenos físicos relacionados à eletricidade, assinale a alternativa que **não** corresponde a ideias, fatos ou personagens do contexto em questão:
   a) Na Grécia Antiga, foram observados os fenômenos associados à atração elétrica, quando se atritou o âmbar com a lã e se verificou que a pedra *elektron* atraía pequenos corpos.
   b) Na Idade Média, foi verificado por Nicolo Cabeo o fenômeno elétrico associado à repulsão elétrica, o que contrariava a noção de *effluvium*, desenvolvida por William Gilbert.
   c) O *Principia* de Newton contribuiu para o desenvolvimento de uma concepção elaborada por Coulomb para fundamentar as interações físicas explicadas por meio da ação a distância.
   d) Newton foi um defensor das ideias contidas no *Principia* e apoiava as ideias de Coulomb acerca das interações físicas e de sua respectiva explicação por meio da ação a distância.

2. Em relação à concepção de interação a distância, assinale (F) se a sentença for falsa e (V) se for verdadeira:
   (   ) No Escólio Geral da segunda edição do *Principia*, Newton afirma que a sua obra não explica essa concepção.
   (   ) No *Óptica*, livro II, Newton diz que essa concepção ocorre apenas com as atrações relacionadas à gravidade, ao magnetismo e à eletricidade.
   (   ) Na primeira carta enviada a Richard Bentley, em 17 de janeiro de 1693, Isaac Newton não assume a causa da gravidade.
   (   ) Na segunda carta enviada a Richard Bentley, em 25 de fevereiro de 1693, Newton diz ser provável que, por meio da ação da gravidade, as interações ocorram a distância.

3. Sobre a simetria estabelecida pela lei do inverso do quadrado da distância, no paradigma mecanicista e sua respectiva quebra, assinale a alternativa correta:
   a) Ao final do século XVIII, foi estabelecido pela mecânica newtoniana que as forças eletrostáticas e magnéticas obedeciam à lei do inverso do quadrado da distância.
   b) No final do século XIX, o fenômeno físico associado a uma corrente elétrica, descoberto por Hans Christian Orsted, confirmou o que Coulomb havia estabelecido.
   c) No artigo publicado por Orsted, em 21 de julho de 1820, sobre o efeito do conflito elétrico sobre a agulha imantada, houve plena aceitação pelos cientistas da época, entre eles o professor Schweigger e o Dr. Wollaston.
   d) As ideias de Faraday para explicar o efeito do conflito elétrico sobre a agulha imantada encontraram forte oposição pela corrente mecanicista, principalmente pelo físico André-Marie Ampère.

4. Em relação à formulação do conceito de campo por Faraday e sobre as ideias de Ampère, assinale a alternativa **incorreta**:
   a) Segundo Ampère, o efeito magnético produzido por uma corrente elétrica devia ser substituído por uma abordagem eletrodinâmica de forças a distância entre correntes elétricas.
   b) A sugestão de Ampère, fundamentada em resultados experimentais e equações matemáticas, não restabeleceu a ordem newtoniana para todos os fenômenos eletromagnéticos.
   c) As ideias de Faraday, desprovidas de um ferramental matemático, mas baseadas na sua prática com pesquisa experimental e em seu espírito investigativo, consistiam na analogia de uma imagem inspirada no fenômeno da limalha de ferro quando espalhada em torno de um ímã.

d) A abordagem de Faraday sobre o efeito magnético produzido por uma corrente elétrica distinguia-se das leis do inverso do quadrado da distância pelo fato de evitar o problema da ação a distância.

5. Em relação à concepção de campo desenvolvida por Faraday, assinale (F) se a sentença for falsa e (V) se for verdadeira:
( ) Para os fenômenos eletromagnéticos, Faraday propôs uma visão em que supunha a existência real de linhas de força, mesmo no vácuo.
( ) O físico Wilhelm Eduard Weber desenvolveu a sua teoria sobre o eletromagnetismo tendo como concepção de interações físicas entre cargas a desenvolvida por Faraday.
( ) A concepção de campo desenvolvida por Faraday foi inspirada no fenômeno da limalha de ferro quando espalhada em torno de um ímã.
( ) A atração ou a repulsa entre cargas elétricas foi explicada por Faraday por meio da ação de um campo elétrico composto de linhas de forças, que levavam de uma carga elétrica positiva a uma carga elétrica negativa.

Atividades de Aprendizagem

Questões para Reflexão

1 Elabore um texto apresentando a concepção sobre as interações de forças entre os corpos dos respectivos autores: Newton, Coulomb, Orsted, Ampère e Faraday.
2 Faça uma resenha do texto do Capítulo 4 relatando as etapas da constituição do conceito de campo elétrico e abrangendo os primeiros fenômenos observados pelos gregos sobre a eletricidade até a formulação final do conceito de campo realizada por Faraday.

Atividade Aplicada: Prática

1. Com as informações e as discussões realizadas neste capítulo sobre o conceito de campo elétrico, elabore uma aula levando em consideração os elementos discutidos.

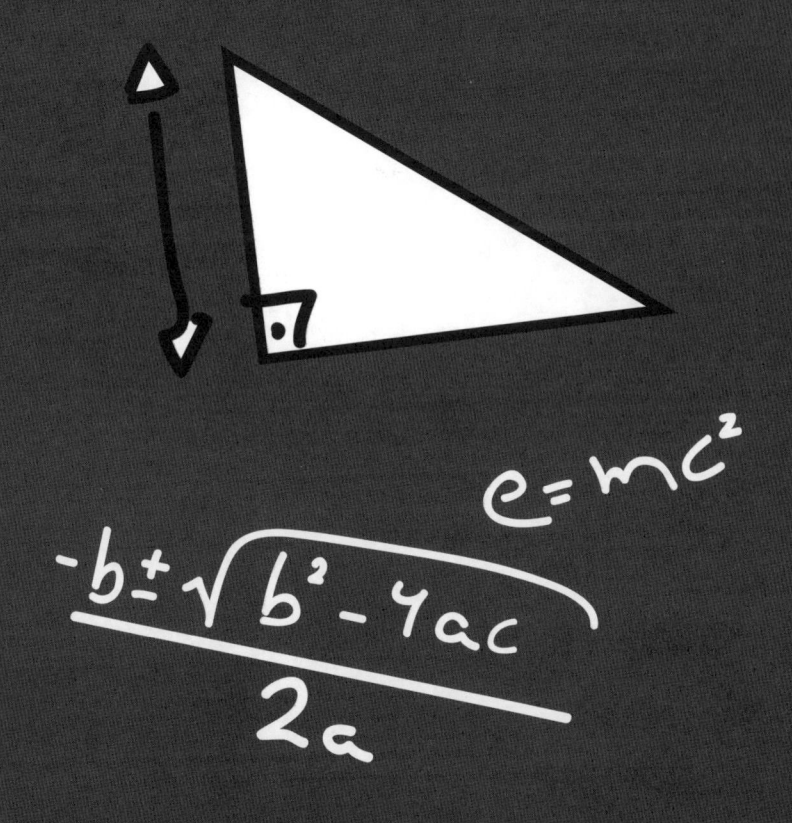

Capítulo 5

Neste capítulo, veremos como as ideias de Faraday influenciaram Maxwell na compreensão do conceito de campo e na elaboração de sua teoria eletromagnética, bem como analisaremos como ele comparou os métodos de Faraday e de Ampère. Na sequência, entraremos em contato com os comentários de Maxwell, nos quais ele ressalta a importância do trabalho de Faraday e, finalmente, abordaremos o conceito atual de campo elétrico na literatura escolar.

Na literatura atual, veremos como o conceito de campo elétrico está representado de forma abstrata pelas equações matemáticas, principalmente pelas equações de Maxwell.

A essência do conceito de campo elétrico formulado por Faraday

5.1 A linguagem de Faraday

Neste item, observaremos como as ideias de Faraday influenciaram o físico e matemático escocês James Clerk Maxwell (1831-1879) na elaboração de sua teoria sobre o eletromagnetismo. Um exemplo disso pode ser encontrado no que escreveu Maxwell, conforme Rocha et al. (2002, p. 260), sobre as ideias concebidas por Faraday:

Ele [Faraday] concebe todo o espaço como um campo de força, as linhas de força sendo, em geral, curvas, e aquelas devido a qualquer corpo estendendo-se dele para todos os lados, suas direções sendo modificadas pela presença de outros corpos. Ele mesmo fala das linhas de forças pertencentes a um corpo como partindo dele, tal que em sua ação sobre corpos distantes ele não pode ter pensado atuando onde ele não está. Isto, entretanto, não é uma ideia dominante em Faraday. Eu penso que ele teria dito que o campo do espaço está cheio de linhas de força, cujo arranjo depende daqueles corpos no campo, e que as ações mecânica e elétrica sobre cada corpo são determinadas pelas linhas que o atravessam.

Maxwell

Em 1873, sobre a ação a distância, Maxwell, segundo Tort, Cunha e Assis (2004, p. 280), comentam que Faraday "deu à sua concepção de linhas de força uma clareza e uma precisão bem maior do que aquela que os matemáticos de então poderiam extrair de suas próprias fórmulas". Em uma palestra na Royal Institution, em Londres, local onde Faraday trabalhou e que dirigiu por muitos anos, Maxwell proferiu as seguintes palavras:

Aqui, neste lugar (i.e.: nesta instituição), elas não devem ser esquecidas nunca. Por meio deste novo simbolismo, Faraday definiu com precisão matemática toda a teoria do eletromagnetismo em uma linguagem livre de tecnicismos matemáticos e aplicável aos casos mais complicados bem como aos mais simples. Mas Faraday não parou aqui. Ele prosseguiu da concepção geométrica de linhas de força para a concepção física. Ele observou que o movimento que a força elétrica ou a magnética tendem a gerar é invariavelmente tal como para encurtar as linhas de força ao mesmo tempo em que permite que se afastem lateralmente uma das outras. Assim, ele percebeu no meio um estado de tensão que consiste em uma tração como a que existe em uma corda esticada, na direção das linhas de força, combinada com uma pressão em todas as direções mas formando um ângulo reto com essas linhas. (Tort; Cunha; Assis, 2004, p. 280)

Comparando o método de trabalho de Faraday com o de Ampère, Maxwell, citado por Rocha et al. (2002, p. 257-258), escreveu:

O método que Faraday empregou em suas pesquisas consistiu em um apelo constante ao experimento como um meio a verdade de suas ideias, e um constante cultivo das ideias sob a influência direta do experimento. Em suas pesquisas publicadas, nós achamos essas ideias expressas em linguagem que é a mais adequada para uma ciência nascente, porque é de alguma forma alheia ao estilo dos físicos que estão acostumados a estabelecer formas matemáticas de pensamento.
A investigação experimental pela qual Ampère estabeleceu as leis da ação mecânica entre correntes elétricas é uma das mais brilhantes conquistas em ciência.
O todo, teoria e experimento, parece como se tivesse surgido de repente, já plenamente formado, do cérebro do "Newton da eletricidade" [Ampère]. É perfeito na forma e inatacável em precisão e é expresso numa fórmula da qual todos os fenômenos podem ser reduzidos e que

deve sempre permanecer como a fórmula cardinal da eletrodinâmica. O método de Ampère, no entanto, pensado em uma forma indutiva, não nos permite traçar a formação das ideias que o guiaram. Dificilmente podemos acreditar que Ampère realmente descobriu a lei da ação à distância por meio dos experimentos que descreve. Somos levados a suspeitar que, na verdade, ele nos diz que descobriu a lei por algum processo que ele não nos mostrou, e que, quando construiu uma demonstração perfeita, ele removeu todos os traços do processo pelo qual obteve a lei. Faraday, de outra forma, mostra-nos seus insucessos assim como seus experimentos bem sucedidos, e suas ideias cruas, assim como aquelas desenvolvidas, e o leitor, inferior a ele em poder indutivo, sente simpatia mais do que admiração, e é tentado a acreditar que, se tivesse tido mesma oportunidade, teria também feito a descoberta. Todo estudante, portanto, deve ler a pesquisa de Ampère como um esplêndido exemplo de estilo científico na afirmação de uma descoberta, mas também deveria estudar Faraday para cultivar o espírito científico, por meio da ação e reação que ocorre entre os novos fatos descobertos como introduzidos a ele por Faraday, e as ideias nascentes em sua própria mente.

Para finalizarmos este item, no comentário a seguir, Maxwell, segundo Rocha et al. (2002, p. 262-263), escreveu sobre a diferença entre os modos de Faraday e dos matemáticos compreenderem os fenômenos eletromagnéticos:

> *antes de iniciar o estudo de eletricidade, eu resolvi não ler a matemática sobre o tema sem primeiro ler as "Pesquisas Experimentais em Eletricidade", de Faraday. Eu estava atento para a suposta existência de uma diferença entre a maneira de Faraday conceber os fenômenos e a maneira dos matemáticos, tal que nem ele e nem eles ficaram satisfeitos com a linguagem um do outro. Eu também tinha a convicção que essa discrepância não tinha origem em nenhum erro. Fui primeiro convencido disso por Sir William*

Thompson, cuja orientação e assistência, bem como suas publicações, propiciaram o que eu tenho aprendido sobre o assunto.

Quando eu prossegui com os estudos de Faraday, percebi que seu método de conceber os fenômenos foi também matemático, apesar de não exibido na forma convencional de símbolos matemáticos. Eu também achei que seus métodos foram capazes de ser expressos nas formas matemáticas ordinárias, e então comparados com aqueles dos matemáticos. Por exemplo, Faraday visualizava linhas de forças atravessando todo o espaço onde os matemáticos viam centros de forças atraindo-se a distância. Faraday visualizava um meio onde eles nada viam, [ou seja,] somente distância. Faraday procurava a base dos fenômenos em ações que se processavam num meio, eles se satisfaziam ao tê-las achado num poder de ação à distância exercido sobre os fluidos elétricos.

Quando eu traduzi de uma forma matemática o que considerei serem as ideias de Faraday, achei que em geral os resultados dos dois métodos coincidem, tal que os mesmos fenômenos foram explicados, e as mesmas leis de ação deduzidas de ambos os métodos, porém, que os métodos de Faraday assemelhavam-se àqueles nos quais começamos com o todo e chegamos às partes por análises, enquanto os métodos matemáticos ordinários baseavam-se sobre o princípio de iniciar com as partes e construir o todo por síntese.

Nessa citação, vemos como Maxwell reconheceu o trabalho de Faraday como uma forma de se chegar à verdade. Essa afirmação foi acompanhada por uma análise crítica das duas formas em questão: a **experimental** e a **matemática**. Embora os métodos empregados diferissem em suas particularidades, as conclusões verificadas por Maxwell apresentavam os mesmos resultados. No entanto, ele não economizou elogios ao trabalho de Faraday e disse inclusive que, de uma outra forma, ele definiu com precisão matemática toda a teoria do eletromagnetismo por meio de uma linguagem livre de tecnicismos matemáticos.

Outra questão importante está relacionada com o método de abordagem. Como vimos no primeiro capítulo deste livro, o método empregado por Faraday começa do geral para as partes, por meio da análise; enquanto os matemáticos empregam uma abordagem que inicia das partes para o todo, por meio da síntese.

5.2 O conceito atual de campo elétrico

Nos itens anteriores, observamos como Faraday desenvolveu as suas ideias sobre o conceito de campo e as suas implicações na teoria eletromagnética de Maxwell. Na sequência, traçaremos uma análise a respeito do conceito atual de campo elétrico, o qual, obrigatoriamente, passa por estudos mais aprofundados em diversos campos de investigação da física. Há, entretanto, um conjunto de conceitos aceitos e didaticamente apresentados em livros de ensino superior, que serão brevemente discutidos.

Atribui-se a Maxwell, que trabalhou neste sentido no período de 1864 a 1873, a organização do que havia sido pensado e expresso matematicamente a respeito do conceito de campo até então. Portanto, o resultado desse trabalho foi uma teoria eletromagnética sinteticamente representada por quatro equações diferenciais[*] envolvendo os campos elétricos e magnéticos, com suas respectivas fontes, densidades de cargas e correntes elétricas.

As quatro equações, em notação vetorial, carregam consigo diversas interpretações físicas, além dos conceitos matemáticos inerentes ao cálculo avançado. Observe, a seguir, essas equações:

---

[*] Para escrever as quatro equações do eletromagnetismo, Maxwell utilizou a teoria dos quaternios, desenvolvida por William Rowan Hamilton. A notação vetorial, pela qual as equações de Maxwell são comumente apresentadas, deve-se à análise vetorial de Oliver Heaviside (SILVA, 2006).

$$\vec{\nabla}\cdot\vec{B} = 0,\ \vec{\nabla}\cdot\vec{D} = \rho, \vec{\nabla}\times\vec{E} + \frac{\partial \vec{B}}{\partial t}\ 0, \vec{\nabla}\cdot\vec{H} - \frac{\partial \vec{D}}{\partial t} = \vec{J}\,(1)$$

Para determinadas condições, as soluções das equações de Maxwell poderão ser encontradas. Para uma condição específica, podemos determinar o campo elétrico $\vec{E}$. É importante observar que campo elétrico, nesse caso, é um vetor obtido por meio da solução das equações de Maxwell ou das soluções diretas. Para uma partícula carregada, esse campo corresponde ao vetor dado por $\vec{E} = k\frac{q}{r^3}\vec{r}$ (2).

O trecho a seguir mostra como as intensidades dos campos eletromagnéticos foram interpretadas por Maxwell, segundo Bassalo (1992, p. 288), analogamente ao campo gravitacional newtoniano:

> em analogia com a intensidade da gravidade que mede a força gravitacional sobre uma massa unitária colocada no local onde se quer medir aquela intensidade, Maxwell definiu as intensidades elétrica e magnética, para medir, respectivamente, a força elétrica e a força magnética, sobre cargas elétricas e "cargas" magnéticas unitárias e positivas, colocadas no local onde se deseja aquelas intensidades, desde que, tais cargas não mexessem com a distribuição da eletricidade e do magnetismo.

Se levarmos em conta os efeitos da dimensão da carga elétrica, de acordo com Reitz et al. (1991, p. 39), o campo elétrico em um ponto é definido como o limite da razão da força sobre uma carga teste, colocada no ponto pela carga teste, quando esta tende a zero. Assim:

$$E = \lim_{q\to 0} \frac{\vec{F_q}}{q}\ (3)$$

Para uma distribuição de N cargas puntuais q_1, q_2,..., q_N, localizadas nos pontos $\vec{r}_1$, $\vec{r}_2$...$\vec{r}_N$, respectivamente, em uma distribuição volumétrica de cargas dada por $\rho(\vec{r}')$, no volume V, e uma distribuição superficial caracterizada por $\sigma(\vec{r}')$ sobre a superfície S, $\rho(\vec{r}')$ e $\sigma(\vec{r}')$ são as densidades de cargas volumétrica e superficial, respectivamente, e o campo elétrico no ponto $\vec{r}$ é dado por:

$$\vec{E}(\vec{r}) = \frac{1}{4\pi\varepsilon_0} \left\{ \sum_{i=1}^{N} q_i \frac{\vec{r}-\vec{r_i}}{|\vec{r}-\vec{r_i}|^3} + \int_v \frac{\vec{r}-\vec{r'}}{|\vec{r}-\vec{r'}|^3} \rho(\vec{r'}) dv' + \int_s \frac{\vec{r}-\vec{r'}}{|\vec{r}-\vec{r'}|^3} \sigma(\vec{r'}) da' \right\} (4)$$

Com essa equação, segundo Reitz et al. (1991, p. 41), o campo elétrico em $\vec{r}$ pode ser calculado, considerando as distribuições das cargas supracitadas.

Outra forma de calcular o campo elétrico é com o uso da lei de Gauss, cuja forma integral é dada por $\oint_s \vec{E} \cdot \vec{n}\, da = \frac{1}{\varepsilon_0} \int_v \rho\, dv$ (5) e a diferencial correspondente por $\nabla \cdot \vec{E} = \frac{1}{\varepsilon_0} \rho$ (6).

A aplicação da equação (5) é mais adequada para "situações suficientemente simétricas. Em outras palavras, em certas situações altamente simétricas, de considerável interesse físico, o campo elétrico pode ser calculado através do uso da lei de Gauss" (Reitz et al., 1991, p. 49). No entanto, para a equação (6) e considerando um campo apenas eletrostático, o resultado pode ser observado por $\vec{E} = \nabla \varphi$ (7) e assim podemos escrever a equação (6) como $\nabla^2 = -\frac{\rho}{\varepsilon_0}$ (8), denominada *equação de Poisson*.

Ainda, se for considerada certa classe de problemas eletrostáticos que envolvam apenas condutores, a densidade de carga volumétrica ρ é zero. Assim, a equação (8) será escrita como $\nabla^2 = 0$ (9), denominada de *equação de Laplace*.

A solução pela equação de Laplace é possível mediante as condições de contorno nos limites do volume V. Soluções analíticas podem ser formadas pela combinação linear de um conjunto de funções básicas, escolhidas em função da simetria do problema, a saber: os polinômios de Legendre para soluções conhecidas como *harmônicos zonais* e *harmônicos cilíndricos*.

De uma outra forma, podemos considerar um espaço vazio livre de qualquer influência elétrica. Ao transportarmos uma carga elétrica para uma região desse espaço, cada ponto pertencente a ele adquirirá propriedades que não possuía anteriormente. Falamos, portanto, que a carga "perturbou" o espaço em sua volta, e a essas propriedades associadas a cada ponto do espaço denominamos de *campo elétrico* (Rocha et al., 2002, p. 261).

Síntese

Neste capítulo, vimos como as ideias de Faraday influenciaram Maxwell na formulação de sua teoria eletromagnética e como este comparou os métodos de Faraday e Ampère como desenvolvimento da criação do conceito de campo elétrico. Também verificamos os significados físicos encontrados por Maxwell nos trabalhos de Faraday em detrimento da teoria desenvolvida pelos matemáticos, inclusive os trabalhos de Ampère.

Outro ponto importante estudado neste capítulo foi o conceito atual de campo elétrico presente nos manuais didáticos da disciplina de Física. Nos livros do ensino superior, esse conceito é apresentado com os recursos da matemática avançada, como as equações de Maxwell, a lei de Gauss, a equação de Poisson e a equação de Laplace.

Atividades de Autoavaliação

1. Sobre os comentários de Maxwell acerca da concepção de campo de Faraday, assinale (F) se a sentença for falsa e (V) se for verdadeira:
   ( ) Segundo Maxwell, Faraday concebe o espaço como um campo elétrico preenchido por linhas, cujo arranjo pode ser alterado pela presença de outros corpos eletrizados, e as ações sobre os corpos são determinadas pelas linhas que os atravessam.
   ( ) Faraday não conseguiu a clareza que os matemáticos mostraram por meio de fórmulas matemáticas.
   ( ) Na concepção de Faraday, há também uma interpretação física da ideia de campo de força. Segundo ele, o campo define, também, um estado de tensão que consiste em uma tração e pressão ao longo das linhas de força.
   ( ) Faraday foi um exímio matemático e desenvolveu equações que descreviam o seu modelo de campo de forças.

2. Sobre os métodos de trabalhos de Faraday e de Ampère e a matematização dos estudos sobre eletricidade e magnetismo, assinale a alternativa **incorreta**:
   a) As leis sobre a ação entre correntes elétricas estabelecidas por Ampère, para Maxwell, decorrem de escritos suspeitos quanto aos verdadeiros procedimentos que levaram às suas descobertas.
   b) As pesquisas experimentais desenvolvidas por Faraday e o conhecimento matemático decorrente sobre o mesmo tema são formas distintas de se conceber os mesmos fenômenos.
   c) Embora os resultados das pesquisas de Faraday e o conhecimento matemático sobre os mesmos temas digam respeito ao mesmo fenômeno físico, os resultados apontados são incompatíveis.
   d) Segundo Maxwell, o método empregado por Faraday assemelha-se ao dedutivo, enquanto os métodos matemáticos ordinários, ao indutivo.

3. Em relação ao conceito atual de campo elétrico, assinale a alternativa correta:
   a) Segundo o texto do Capítulo 5, o conceito atual de campo elétrico é atribuído a Faraday e a Ampère.
   b) Foi Maxwell quem organizou o conhecimento científico sobre os estudos do eletromagnetismo. Entre eles, está o conceito de campo, que resultou na teoria do eletromagnetismo.
   c) Entre as possíveis soluções das equações de Maxwell, uma delas corresponde à equação que representa o campo elétrico, porém sem possuir características vetoriais.
   d) Para um campo magnético constante, a equação $\vec{E} = k\dfrac{q}{r^3}\vec{r}$ não é solução de uma das equações de Maxwell.

4. Sobre a analogia feita entre o campo elétrico e o campo gravitacional, assinale (F) se a sentença for falsa e (V) se for verdadeira:

( ) Essa analogia foi realizada por Faraday.

( ) De forma análoga, define-se a intensidade do campo elétrico como a força, por unidade de carga, sobre uma carga elétrica unitária e positiva, colocada em um local em que se deseja medir essa intensidade.

( ) Considerando a influência que a carga teste pode ter sobre a intensidade do campo, para a definição de campo elétrico, deve-se tomar o limite da razão entre a força e a carga e tender o valor da carga elétrica a zero.

( ) Caso se deseje calcular o campo elétrico em um local em que existem distribuições puntuais, superficiais e volumétricas de cargas elétricas, é necessário realizar o cálculo considerando-se todas as distribuições das cargas.

5 Sobre os comentários de Maxwell sobre o trabalho de Faraday, assinale (F) se a sentença for falsa e (V) se for verdadeira:

( ) Faraday concebe todo o espaço como um campo de força, ou seja, as linhas de força.

( ) Por meio do simbolismo, Faraday definiu com precisão matemática toda a teoria do eletromagnetismo em uma linguagem livre de tecnicismos matemáticos.

( ) As concepções geométricas de linhas de forças não possuíam significado físico para Faraday.

( ) Os procedimentos experimentais empregados por Faraday levaram a resultados distintos dos alcançados pelos procedimentos matemáticos.

Atividades de Aprendizagem

Questões para Reflexão

1. Em relação aos métodos de Faraday e ao conhecimento matemático concebido sobre os fenômenos elétricos, quais aspectos positivos e negativos você destacaria?
2. Na perspectiva da questão anterior, quais aspectos positivos e negativos você destacaria sobre o ensino do conceito de campo elétrico?

Atividade Aplicada: Prática

1. Descreva, por meio de um relatório, uma atividade experimental sobre o campo elétrico, informando todos os passos e materiais utilizados. O relatório deverá conter os seguintes itens:
   a) Capa – informar o título da experiência e o nome do aluno.
   b) Objetivos – descrever os objetivos da experiência.
   c) Fundamentação teórica – apresentar os fundamentos teóricos (leis e princípios) que regem a experiência.
   d) Material utilizado – relacionar o material da experiência.
   e) Procedimentos – descrever, com detalhes, os passos e as etapas, com detalhes, da experiência.
   f) Resultados – apresentar os resultados obtidos, com indicação da margem de erro.
   g) Análise dos resultados – fazer a interpretação dos resultados obtidos. Caso seja necessário, elaborar gráficos para a obtenção de leis físicas.
   h) Conclusão – comparar os resultados obtidos e esperados.
   i) Bibliografia – listar todas as referências bibliográficas utilizadas na experiência e para a elaboração do relatório.

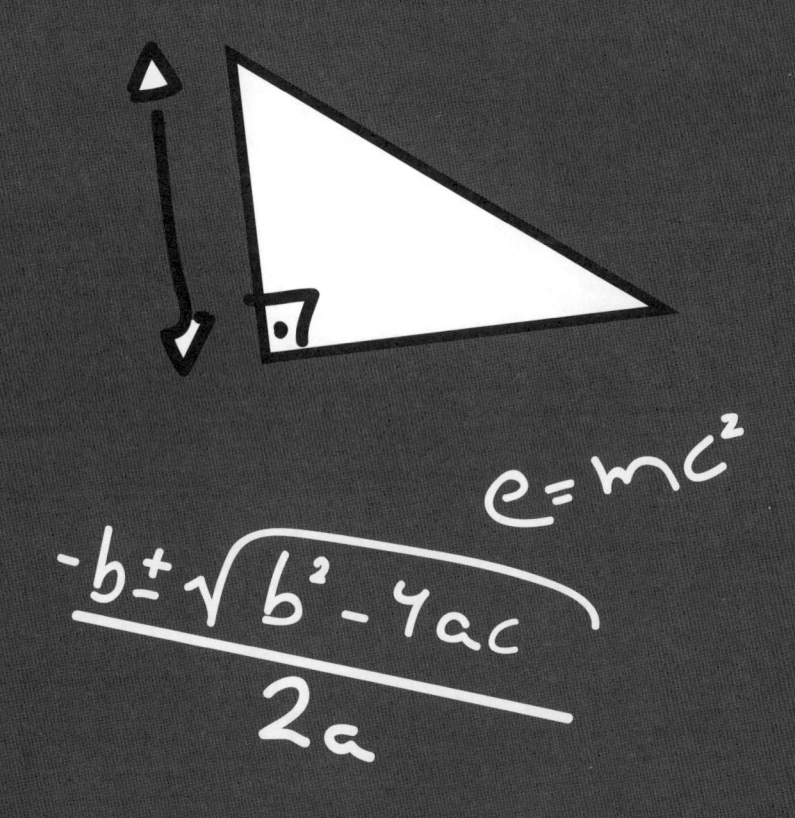

Capítulo 6

Neste capítulo, analisaremos dois livros didáticos de Física, utilizando alguns elementos da teoria da transposição didática e tendo como referência os textos descritos nos capítulos 4 e 5 desta obra. Inicialmente, apresentamos o conceito de transposição didática e, em seguida, a análise. Esta leva em conta a descontextualização e a despersonalização do saber; a distinção entre saberes da ciência física e da física escolar em relação à sua constituição; as problemáticas ou os embates em que os livros didáticos estavam envolvidos quando foram criados; e, principalmente, a possibilidade de desenvolver textos de ensino com mais informações acerca da sua gênese, filiação e contextualização histórica.

Uma análise segundo alguns aspectos da transposição didática

6.1 O conceito de transposição didática

Chamamos a atenção para o seguinte fato: a transformação de um objeto do saber em objeto de ensino, quando se tem a intenção de ensiná-lo, é uma das atividades mais recorrentes no processo de ensino. Citado por Forquin (1992, p. 33), Verret diz que "toda prática de ensino de um objeto pressupõe a transformação prévia deste objeto em objeto de ensino". Portanto, segundo essa concepção, ou seja, a transformação do saber em algo apto a ser ensinado, constituiu o conceito de transposição didática.

A transposição didática envolve, conceitualmente, três tipos de saberes: o **saber sábio**, o **saber a ensinar** e o **saber ensinado**. O saber sábio é o conhecimento gerado no âmbito da academia. É o saber produzido pelas pesquisas realizadas pelos cientistas, publicado em periódicos e com circulação nos meios acadêmicos. Veja que o saber a ensinar, segundo Alves Filho, Pietrocola e Pinheiro (2000, p. 179), "é produto organizado e hierarquizado em graus de dificuldade, resultante de um processo de total descontextualização e degradação do saber sábio. Enquanto o saber sábio apresenta-se ao público através das publicações científicas, o saber a ensinar faz-se por meio dos livros-textos e manuais de ensino". Já o saber ensinado é produzido pelo professor ao preparar seus textos ou "notas" de aula.

Podemos observar o conceito de transposição didática, segundo Chevallard (1991, p. 45):

> Um conteúdo do saber que tenha sido designado como saber a ensinar sofre, a partir de então, um conjunto de transformações que vão torná-lo apto para ocupar um lugar entre os objetos de ensino. O "trabalho" que transforma um objeto do saber a ensinar em um objeto de ensino, é denominado de "transposição didática".

Para Gabriel (2001), o conceito de transposição didática surge para explicar o processo obrigatório de transformação do saber. Se, por um lado, o termo *transposição* não traduz bem a ideia de transformação, por outro tem o mérito de pressupor, logo de saída, o reconhecimento de um distanciamento obrigatório entre os diferentes saberes, o que não deve, de forma alguma, ser minimizado.

Para Leite (2004, p. 52), o resultado desse distanciamento não é a depreciação do saber escolar, mas o reconhecimento de sua especificidade epistemológica, ou seja, "o conjunto de questões às quais um determinado saber busca responder, isto é, sua problemática, é necessariamente diferenciada em contextos com demandas igualmente diferenciadas, como o são os contextos de produção dos saberes e os contextos das relações didáticas".

Portanto, para uma análise desses saberes, de acordo com Chevallard (1991, p. 16), "a transposição didática é uma ferramenta que permite recapacitar, tomar distância, interrogar as evidências, colocar em questão as ideias simples, desprender-se da familiaridade enganosa de seu objeto de estudo. Em uma palavra, o que lhe permite exercer uma vigilância epistemológica". A transposição didática surge como um instrumento que permite analisar o processo de transformação do saber, ao ser criado pelos cientistas ou pesquisadores e ao chegar nas salas de aula por meio da prática pedagógica do professor.

Consideramos neste capítulo alguns aspectos presentes na teoria da transposição didática, como a distância entre os objetos do saber e de ensino, a despersonalização e a descontextualização do saber. A seguir, analisaremos a constituição do conceito de campo elétrico na ciência física e na física escolar, tomando como referência o livro de Antonio Máximo e Beatriz Alvarenga, *Curso de Física*, 4ª edição, doravante denominado *Beatriz Alvarenga – Curso de Física*, e o livro de Paulo Penteado, *Física, conceitos e aplicações*, volume 3, doravante denominado *Penteado – Física, conceitos e aplicações*. Para essa análise, vamos nos basear em textos já vistos nos capítulos 4 e 5 deste livro.

6.2 Distância entre o objeto do saber e o objeto de ensino

No processo transpositivo, o objeto *campo elétrico* sofre várias modificações na sua natureza ao ser transposto da esfera do saber sábio para a esfera do saber a ensinar, devido à necessidade de adequação do conteúdo a determinado nível de ensino. Um dos resultados desse processo é um distanciamento entre esses saberes, devido às implicações didáticas imprimidas ao saber ou a uma possível mudança do seu conceito.

Dessa forma, mostraremmos como está constituído o objeto de ensino nos livros escolares selecionados, em relação ao objeto do saber na ciência física.

Como vimos nos textos citados, Faraday, ao observar as curvas descritas pelos fragmentos da limalha de ferro quando espalhados em torno de um ímã, propôs, de uma forma análoga, um modelo de linhas de força que se estendiam em torno do ímã, emergindo de seu polo norte e convergindo para o polo sul. Segundo Faraday, a ação entre os corpos se dava pelo meio apinhado de linhas de força. Ele chamou essa ação de *campo de forças*. Essa concepção foi estendida por Faraday, tanto para os fenômenos magnéticos, denominando esse meio de *campo magnético*, quanto para os elétricos, chamando-o de *campo elétrico*. No entanto, foi Maxwell quem matematizou o modelo de linhas de força, proporcionando o cálculo da intensidade por meio das equações que levam seu nome. Ainda, analogamente ao campo gravitacional, Maxwell definiu a intensidade elétrica ou a intensidade do campo elétrico para medir a força elétrica sobre uma carga elétrica, quando colocada no local onde se deseja medir o campo, desde que essa carga não altere a distribuição da eletricidade.

Entretanto, no livro *Beatriz Alvarenga – Curso de Física*, o objeto de ensino **campo elétrico** aparece por meio de uma figura que mostra as forças elétricas agindo sobre as cargas. Por intermédio dessa situação, os autores afirmam existir um campo elétrico em torno da carga fixa, criado por ela, e que, em cada ponto do espaço, pode ser representado por um vetor, cuja intensidade é dada por $E = F / q$ *(10)* e que possui a mesma direção e sentido da força que atua em uma carga positiva colocada no ponto.

Por meio da representação do campo elétrico em alguns pontos dados, os autores constroem o conceito de linhas de força e indicam que elas podem fornecer informações sobre módulo, direção e sentido do vetor **campo elétrico**.

Já no livro Penteado – *Física, conceitos e aplicações*, o objeto de ensino **campo elétrico** é apresentado por meio de um modelo de forças de campo que atuam a distância. Depois, o autor define o objeto de ensino como uma região do espaço que envolve a carga elétrica e constrói uma expressão matemática por intermédio de um campo elétrico dado.

As linhas de força são definidas e o autor afirma que esse conceito será um recurso para uma melhor visualização do campo elétrico. Como podemos observar, Faraday propõe um modelo de linhas de força e que a ação entre os corpos ocorre através do meio, denominado de *campo de forças*.

No entanto, no livro *Beatriz Alvarenga – Curso de Física*, a conceituação de campo está posta de outra forma, ou seja, por meio de uma figura que ilustra a ação das forças elétricas agindo sobre as cargas, em que diz existir um campo elétrico. Já o livro *Penteado – Física, conceitos e aplicações* usa o modelo de linhas de força, mas afirma que as forças atuam a distância. Nos dois manuais, as linhas de força são utilizadas como recurso para a visualização do campo, e não como ponto de partida para a elaboração conceitual de campo elétrico.

Portanto, o que observamos nesse caso sobre o conceito de campo elétrico é que houve, na esfera escolar, uma mudança epistemológica no conceito de campo elétrico em relação à sua gênese na ciência física.

6.3 Despersonalização e descontextualização do saber a ensinar

A transposição didática produz várias modificações nos objetos do saber. Além das citadas no item anterior, destacamos a despersonalização e a descontextualização desse saber. Da mesma forma, em relação ao saber sábio, representado pelos textos dos capítulos 4 e 5, será mostrado por meio desta análise como se apresenta o objeto de ensino **campo elétrico**, nos textos de física dos livros escolares selecionados, em relação à sua despersonalização e à sua descontextualização.

Nos capítulos citados, observamos que o conceito de campo elétrico foi concebido por Michael Faraday, ao propor um modelo de linhas de força para explicar as interações elétricas e magnéticas que ocorrem entre as cargas elétricas e entre os ímãs, bem como também para explicar o efeito magnético produzido por uma corrente elétrica em uma agulha imantada. Segundo esse modelo, as interações físicas ocorrem através do meio, denominado *campo de forças*, o qual é preenchido pelas linhas de força.

Foi com base no modelo newtoniano, proposto por meio da lei de gravitação no *Principia*, de Newton, que se estabeleceu a concepção da ação a distância, principalmente com a simetria contida na direção da ação das forças e na lei do inverso do quadrado da distância. Esse modelo foi amplamente aceito pela comunidade científica, apesar de o próprio Newton se posicionar contrariamente a essa concepção.

No entanto, com a descoberta do eletromagnetismo por Hans Christian Orsted, no início de 1820, a questão da ação a distância tornou-se mais problemática com a quebra de simetria ocorrida no efeito magnético provocado pela corrente elétrica em uma agulha imantada. As explicações dadas por Orsted, no seu artigo de 21 de julho de 1820, não foram bem aceitas sob o ponto de vista da simetria do fenômeno, levando alguns cientistas, como Ampère e Faraday, a se dedicarem à busca de uma teoria que explicasse o fenômeno observado.

O francês Ampère encontrou uma explicação eletrodinâmica para o fato, reduzindo o fenômeno ao modelo newtoniano de forças de ação a distância. Suas ideias foram bem aceitas pela comunidade científica. No entanto, Faraday propôs o modelo de campo de forças, que somente com a teoria eletromagnética de Maxwell foi devidamente reconhecido.

Tendo em vista esse contexto histórico, que situa a gênese, a filiação, assim como a problemática que envolve a criação do conceito de campo elétrico, veremos nos textos analisados como se apresentam esses aspectos.

No livro *Beatriz Alvarenga – Curso de Física*, os autores definem o campo elétrico e efetuam cálculos por meio de equações, mas não informam quem introduziu e formulou o seu conceito, apesar de trazerem uma nota sobre Michael Faraday. No entanto, indicam que foi Faraday quem introduziu as linhas de força com a finalidade de representar o campo elétrico.

Quanto ao contexto da criação e do desenvolvimento matemático do conceito de campo elétrico, não fazem nenhuma abordagem contextual, como também não citam a grande problemática das interações entre os corpos, que é a ação de forças a distância. Assim, o saber **campo elétrico** está totalmente deslocado do seu contexto quanto à sua criação e à sua formulação.

No livro *Penteado – Física, conceitos e aplicações*, o autor propõe o ensino do conceito de **campo elétrico** por meio do modelo de forças de campo. Reconhece que foi Faraday quem introduziu o conceito de campo elétrico, mas não diz quando, por que foi criado, nem a problemática em que estava inserido e quem estava envolvido. Em relação à formulação matemática do conceito, o autor desenvolve um percurso que leva a uma equação que resulta em uma expressão, cuja constante é denominada de *vetor campo elétrico*.

As linhas de força são definidas pelo autor, que não informa a sua filiação. Afirma apenas que esse conceito será um recurso na visualização do campo elétrico.

Portanto, os aspectos da filiação e da contextualização em relação à constituição do conceito de campo elétrico foram praticamente omitidos. Isso diminui o conteúdo de ensino e as questões acerca da filiação e da gênese desse conceito, ou seja, a sua história não pôde ser conhecida. No entanto, se essas questões puderem ser abordadas, certamente resultarão em uma maior qualidade no ensino.

6.4 O campo elétrico no âmbito da ciência física e da física escolar

Pelas diversas análises, foi possível perceber que, na esfera do saber a ensinar, a constituição do saber **campo elétrico** é apresentada de forma distinta. Alguns aspectos presentes na esfera do saber sábio estão ausentes na esfera do saber a ensinar. São características que dizem respeito a alguns aspectos culturais e inerentes ao processo da transposição didática. Apresentamos a seguir, para as respectivas esferas, uma análise sintética desses itens.

A análise descritiva do conteúdo **campo elétrico** demonstra que os livros *Beatriz Alvarenga – Curso de Física* e *Penteado – Física, conceitos e aplicações* trazem informações sobre os primeiros fenômenos observados pelos gregos e outros relacionados a William Gilbert e a Nicolo Cabeo.

No livro *Beatriz Alvarenga – Curso de Física*, os autores citam Thales de Mileto como um dos filósofos gregos que conhecia o fenômeno observado com o âmbar, dizem que William Gilbert estendeu esse comportamento a outros tipos de matérias e que o fenômeno da repulsão elétrica ficou conhecido devido aos estudos de Nicolo Cabeo. Em relação a fenômenos atuais e similares aos citados, os autores exemplificam a eletrização de uma régua de plástico quando atritada com uma seda, a de um pente quando atritado com o cabelo e a de uma roupa de náilon quando atritada com o nosso corpo. Porém, no livro *Penteado – Física, conceitos e aplicações*, o autor mostra a origem grega da palavra *eletricidade*, aborda efeitos elétricos quando a substância é atritada com o âmbar ou o vidro e que William Gilbert observou a repulsão e a atração entre corpos eletrizados com o âmbar ou com o vidro.

Esses fatos constituem parte do legado cultural de uma sociedade e são transmitidos às gerações futuras, conforme constatamos nesses manuais (vide Quadro 1). Também consideramos importante o relato ou a citação destes nos textos de ensino, não só pela valorização e pela conservação desse legado cultural, mas por sua contribuição histórica na construção do conhecimento científico, principalmente quando utilizamos essas informações nas propostas de ensino, porque dessa forma podemos, por exemplo, proporcionar uma contextualização histórica bem mais ampla. No entanto, as citações realizadas pelos autores dos livros em questão estão voltadas mais para o "começo" das descobertas, não dando continuidade à evolução das ideias constituídas acerca dos fenômenos envolvidos.

Quadro 1 – Fenômenos físicos associados ao conceito de campo elétrico

Livros	Fenômenos associados ao saber *campo elétrico*
Beatriz Alvarenga – Curso de Física	Os fenômenos eletrostáticos associados ao âmbar descobertos pelos gregos. As descobertas de William Gilbert em relação a outras substâncias que se comportavam como o âmbar, quando atritadas. O fenômeno da repulsão elétrica observado por Nicolo Cabeo. Os fenômenos de eletrização: quando se atrita uma régua de plástico com uma seda, um pente com o cabelo ou uma roupa de náilon com o nosso corpo.
Penteado – Física, conceitos e aplicações	A origem da palavra *eletricidade*, associada ao âmbar. A descoberta por William Gilbert de outras substâncias que apresentam propriedades elétricas.

Nos livros analisados, em relação ao conteúdo **campo elétrico**, também observamos que a forma como foi introduzido é particular a cada um deles. Isso se deve à preferência dos autores em relação à abordagem pedagógica, sendo uma consequência do próprio processo transpositivo. Na construção do conceito de campo elétrico, o livro *Beatriz Alvarenga – Curso de Física* propõe situações artificiais para elaborar esse conceito. Partindo destas, sem esclarecer a natureza do campo, direciona a formulação do conceito por meio de uma equação matemática, justificando-a pela constatação do campo de forma experimental.

O livro *Penteado – Física, conceitos e aplicações* não desenvolve essas situações artificiais, porém admite o campo elétrico como uma região do espaço, fato que ocorre também no livro *Beatriz Alvarenga – Curso de Física*.

No livro *Beatriz Alvarenga – Curso de Física*, o conceito de campo elétrico é introduzido por meio de uma ilustração, que mostra um campo elétrico em torno de um corpo carregado, sem indicar o que é de fato esse campo, constatado por meio de uma carga de prova e depois definido matematicamente. Por sua vez, no livro *Penteado – Física, conceitos e aplicações*, a introdução do conceito ocorre por meio de um questionamento e uma afirmação e, em seguida, esse conceito é definido matematicamente.

Nas duas formas de construção do conceito, conforme mostra o Quadro 2, observamos os esforços dos autores em construí-lo tomando como ponto de partida uma situação física possível de ser verificada. Para esses casos, os autores propõem algumas situações em que aparecem figuras de cargas elétricas acompanhadas por argumentos físicos relacionados a essas situações, estabelecendo o conceito de campo elétrico. No caso do livro *Penteado – Física, conceitos e aplicações*, a construção do conceito está acrescida de uma argumentação e de uma equação matemática.

Quadro 2 – Formas de introdução do conceito de campo elétrico

Livros	Formas de introdução do conceito de campo elétrico
Beatriz Alvarenga – Curso de Física	Ilustração + definição e/ou constatação + expressão matemática (usada, também, como definição)
Penteado – Física, conceitos e aplicações	Questionamento + definição e constatação + expressão matemática (construída por meio de uma sentença)

O que observamos nessa análise é que os autores possuem a sua proposta de ensino para o conceito de campo elétrico e procuram chegar ao mesmo objetivo, ou seja, formular um conceito de campo elétrico que traduza de forma física e matemática essa grandeza. No entanto, não se afirma fisicamente o que é o campo elétrico, apenas a ocorrência do fenômeno é demonstrada e a sua formulação matemática é apresentada. É compreensível que nos livros analisados não tenha aparecido a natureza física do campo elétrico, até porque essa informação não aparece nos textos que revelaram a sua criação, na história da física, com a exceção da constituição de um único modelo por Faraday. As propostas de elaboração do conceito de campo elétrico analisadas refletem a ausência e a necessidade de um modelo físico que represente de forma adequada essa grandeza. Essa necessidade fica mais explícita no âmbito do ensino desse conceito.

Os textos dos manuais calculam o campo elétrico para cargas pontuais. No caso do livro *Beatriz Alvarenga – Curso de Física*, também é calculado para uma esfera carregada. No entanto, somente os autores do livro *Beatriz Alvarenga – Curso de Física* fazem uma observação em relação ao cálculo do campo elétrico na superfície de uma esfera carregada, afirmando que este não será realizado porque exige cálculos matemáticos de nível superior. Assim, é feita uma ressalva aos professores para evitarem cálculos de campos elétricos com geometrias complicadas, pois estes não acrescentam novas ideias físicas importantes.

O objeto do saber campo elétrico, quando introduzido por Faraday, em meados do século XIX, consistia em um modelo de linhas de força que se distribuem simetricamente ao redor das cargas elétricas, preenchendo todo o espaço no entorno destas. Por meio da teoria eletromagnética, Maxwell formulou esse conceito, proporcionando uma equação matemática para o seu cálculo. No entanto, de forma análoga ao campo gravitacional, Maxwell definiu a intensidade elétrica, ou seja, a intensidade do campo elétrico para medir a força elétrica sobre uma carga.

Nos livros de física em questão, o objeto de ensino aparece nas formas de saberes diferentes, principalmente em relação ao objeto do saber, conforme o Quadro 3. Nesses livros, o objeto de ensino campo elétrico está delimitado pela própria construção do conceito e aparece, portanto, na forma como este foi introduzido. Porém, a natureza, evidenciada pela forma como foi construída ou apresentada, é diferente daquela presente no saber campo elétrico, quando foi criado. Essa diferença é devida, principalmente, às modificações sofridas pelo saber para torná-lo compatível ao ensino.

Quadro 3 – Conceito de campo elétrico

Livros	Definição do saber *campo elétrico*
Beatriz Alvarenga – Curso de Física	Não se define o campo elétrico, porém afirma-se que ele existe, ou seja, o campo elétrico existe em um ponto, quando uma carga sofre a ação de uma força elétrica colocada nesse ponto.
Penteado – Física, conceitos e aplicações	É a região do espaço que envolve a carga elétrica, dada por $E = F / q$.

Em relação às linhas de força, apesar das informações que elas podem fornecer acerca do campo elétrico para os livros em questão, o objetivo principal é proporcionar uma visualização desse campo, passando a ser útil apenas como uma ferramenta. No entanto, no âmbito da criação do campo elétrico, as linhas de força são a essência do modelo de Faraday e a concepção concreta da ideia de campo elétrico.

Assim, os textos que não tomam as linhas de força como um modelo que fundamenta a ideia de campo elétrico perdem a possibilidade de proporcionar a essa ideia uma concepção não abstrata. No entanto, as linhas de força cumprem outro papel nos textos analisados, ou seja, visualização do campo elétrico. Assim, praticamente todos os textos dos manuais analisados relatam que as linhas de força foram introduzidas por Faraday para a visualização do campo.

As grandes ausências nos textos dos livros em questão estão relacionadas com a contextualização e com a personalização do saber. Apesar do fato de a descontextualização e a despersonalização serem uma consequência da própria transposição didática, ambas devem ser minimizadas, pois um saber que traz na sua elaboração informações acerca da gênese e da filiação de problemas e questões envolvidos na sua criação, bem como do tempo e da circunstância em que foi criado, proporciona um ensino com muito mais informação e riqueza de detalhes, além de demonstrar a ciência como uma construção humana e social. No entanto, em relação à introdução do conceito de campo elétrico, apenas o livro *Penteado – Física, conceitos e aplicações* menciona que foi Faraday quem introduziu esse conceito.

No caso do conceito de campo elétrico, a principal perda está no distanciamento da discussão que proporcionou a Faraday elaborar esse conceito, que é hoje um dos fundamentais para o ensino de Física. Esse distanciamento acarretou, nos textos de ensino analisados, uma confusão na compreensão das ideias de força de campo e de ação a distância ou das concepções de campo e de ação a distância. Essa discussão foi iniciada no século XVII com o estabelecimento da mecânica newtoniana e, principalmente, com a lei da gravitação universal e a lei de Coulomb, que tomavam como pressuposto que os corpos interagem, obedecendo a uma simetria física e à lei do inverso do quadrado da distância. Porém, Newton não concordava com a concepção de ação a distância, e com a descoberta do efeito magnético produzido por uma corrente elétrica a simetria foi quebrada e a discussão se acirrou ainda mais. Assim, observamos que essa problemática, conforme mostrado no Quadro 4, está ausente nos textos em questão, ou seja, não houve resgate desse embate histórico, que tinha na concepção de ação a distância uma forte identidade com a mecânica newtoniana, apesar de o próprio Newton não concordar com essa concepção. No entanto, no livro *Penteado – Física, conceitos e aplicações*, o autor afirma que a força elétrica exercida sobre um corpo é de ação a distância e, logo depois, diz que essa mesma força é exercida pelo campo gerado e não mais pela carga. O texto não deixa claro que se deve adotar apenas uma concepção. Na verdade, são duas concepções distintas e o fato de pressupormos que uma delas é verdadeira nega a ocorrência da outra, pois dificilmente se chega até ela. Já o livro *Beatriz Alvarenga – Curso de Física* afirma que a força elétrica que atua sobre uma carga é devida à ação do campo elétrico, e não mais de forma instantânea e direta, como pensavam os físicos antigamente.

Quadro 4 – Concepções das interações elétricas entre os corpos

Livros	Forças de ação a distância	Forças de campo	A problemática das interações
Beatriz Alvarenga – Curso de Física	A força elétrica que atua sobre uma carga não é devida à ação direta de uma carga sobre a outra.	A força elétrica que atua sobre uma carga é devida à ação do campo elétrico.	Não há referência.
Penteado – Física, conceitos e aplicações	Força elétrica é uma força que atua a distância (ideia superada com o conceito de campo).	O campo elétrico é a causa da existência da força elétrica.	Não cita as dificuldades.

Conforme vimos, o saber campo elétrico traz, ao ser apresentado tanto na ciência física quanto na física escolar, informações acerca de alguns fenômenos associados a esse conceito, como também a formulação do conceito de forma distinta e própria. Essas informações contribuem de forma positiva para o ensino do conceito, pois aproximam o aluno do conhecimento físico, porém a sua formulação pode dificultar a aprendizagem pela ocorrência de abordagens distintas nos respectivos manuais didáticos. Vale destacar ainda que as formas como as concepções inerentes à criação desse conceito – a ação a distância e as forças de campo – e a problemática que as envolve estão colocadas nas obras analisadas também podem dificultar a aprendizagem, pois deixam o conceito muito abstrato.

Síntese

Conforme vimos, o saber campo elétrico apresenta-se em formas distintas nas esferas acadêmica e escolar. Na criação do conceito de campo, cumpria um papel: explicar como ocorriam as interações elétricas e magnéticas entre os corpos, principalmente em relação ao fenômeno do eletromagnetismo. Para tanto, Faraday propôs um modelo físico que explicou como essas interações ocorrem e Maxwell matematizou esse modelo, que, por meio da teoria eletromagnética, estabeleceu equações matemáticas que possibilitaram a sua quantificação por meio das fontes elétricas ou magnéticas.

Em relação à esfera acadêmica, o campo elétrico é o próprio modelo proposto por Faraday, ou seja, o modelo de linhas de força foi a concepção inicial do conceito de campo elétrico. Na esfera escolar, houve uma separação entre o modelo de linhas de força e o conceito de campo, levando-se em consideração que este ainda necessita ser elaborado.

Atividades de Autoavaliação

1. Em relação à transposição didática, assinale a alternativa **incorreta**:
   a) Tem como concepção a necessidade prévia de transformar objetos do saber em objetos de ensino.
   b) O saber sábio é um saber produzido pelos cientistas e o saber a ensinar é o conhecimento contido nos livros ou manuais didáticos.
   c) O saber ensinado é produzido pelos professores na preparação dos textos ou nas notas de aulas.
   d) Não há distinção entre os saberes nas esferas acadêmica e escolar.

2. Ainda em relação à transposição didática, assinale a alternativa **incorreta**:
   a) Após a transposição didática do saber sábio, o resultado é um saber exilado de sua origem e separado de sua produção histórica.
   b) Um dos resultados da transposição didática é a descontextualização e despersonalização do saber sábio.
   c) A transposição didática não é um processo obrigatório, mas facultativo.
   d) Tal conceito supõe epistemologias distintas entre os regimes acadêmico e escolar.

3. Nas sentenças a seguir, assinale (V) se a afirmativa for verdadeira e (F) se for falsa:
   (   ) Nos processos de transposição didática, há mudanças significativas na natureza dos saberes.
   (   ) É objetivo da transposição didática transformar em objetos de ensino o saber científico designado para ser ensinado.
   (   ) A transposição didática pode ser usada como uma ferramenta para a análise dos saberes no âmbito da academia e da escola.
   (   ) Na transposição didática, há uma depreciação quando se faz

referência ao distanciamento dos saberes em relação ao saber escolar.

4. De acordo com o item 6.2 e em relação à forma como é constituído e apresentado o objeto de ensino campo elétrico nos livros analisados, assinale (1) se for uma característica do livro *Beatriz Alvarenga – Curso de Física*, (2) se for uma característica do livro *Penteado – Física, conceitos e aplicações* e (3) se for uma característica dos dois.
   ( ) É apresentado por meio do modelo de forças de campo que, segundo o autor, atua a distância.
   ( ) É apresentado por meio de uma figura que mostra as forças elétricas agindo sobre as cargas.
   ( ) É definido como uma região do espaço em torno da carga elétrica.
   ( ) É utilizado o modelo de linha de forças.

5. De acordo com o item 6.3 e em relação à despersonalização e à descontextualização do saber a ensinar nos livros analisados, assinale (1) se for uma característica do livro *Beatriz Alvarenga – Curso de Física*, (2) se for uma característica do livro *Penteado – Física, conceitos e aplicações* e (3) se for uma característica dos dois livros.
   ( ) É definido o *campo elétrico*, mas não informa quem introduziu e formulou o conceito, apesar de trazer uma nota sobre Michael Faraday.
   ( ) É citado quem introduziu o conceito de campo elétrico, mas não diz quando e por que foi criado, nem em que problemática estava inserido e quem estava envolvido.
   ( ) Não faz nenhuma abordagem contextual e não cita a grande problemática das interações entre os corpos, que é a ação de forças a distância.
   ( ) Informa a filiação das linhas de força.

Atividades de Aprendizagem

Questões para Reflexão

1. Segundo a análise dos textos nos livros citados, comente sobre:
   ~ os fenômenos físicos associados ao objeto de ensino campo elétrico;
   ~ a forma como é introduzido o conceito de campo elétrico;
   ~ a natureza física do objeto de ensino campo elétrico.

2. No âmbito da ciência física, sobre o conceito de campo elétrico, responda:
   ~ Como foi criado?
   ~ Quais as equações matemáticas que o representam?
   ~ Qual foi o papel das linhas de força na sua constituição?

3. Em relação ao processo de transposição didática e considerando os aspectos da descontextualização, da despersonalização e do distanciamento do saber a ensinar, descreva os aspectos significativos que foram identificados nos textos analisados.

Atividade Aplicada: Prática

1. Selecione um texto de ensino sobre o conteúdo campo elétrico dos livros relacionados no catálogo do Programa Nacional do Livro para o Ensino Médio/MEC (PNLEM), que se encontra disponível no *site* <http://portal.mec.gov.br/seb/pnlem/pdf/fisica1.pdf>. Em seguida, faça uma análise do texto selecionado considerando os seguintes aspectos:
   ~ autoria da criação do conceito de campo elétrico;
   ~ concepção da interação física, considerando a ação a distância;
   ~ concepção da interação física, considerando a ação por meio do campo;
   ~ questões envolvendo a concepção;
   ~ contexto histórico da criação desse conceito.

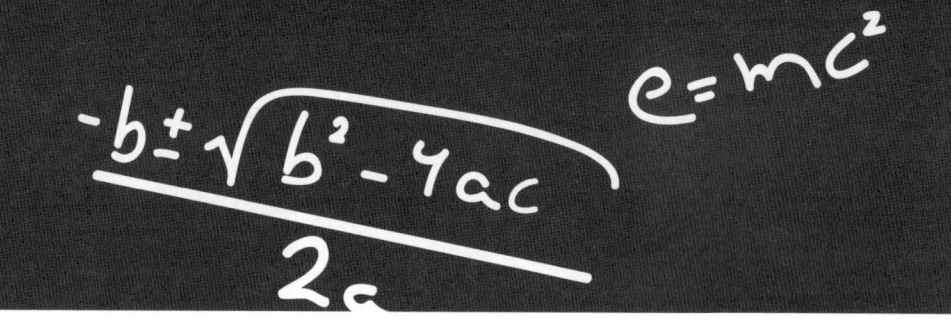

Considerações finais

Finalizamos o nosso estudo e, com a sua dedicação e esforço, certamente os objetivos foram alcançados. O percurso desenvolvido por você nesta obra proporcionou-lhe uma trajetória em que pôde tomar conhecimento do método científico, conhecer a experiência de uma pesquisa já concluída e algumas pesquisas dos principais programas de pós-graduação em Ensino de Ciências e, finalmente, desenvolver as atividades propostas em todos os capítulos.

No entanto, o principal destaque da obra foi ter proporcionado, no processo de formação continuada, fundamentos, informações e orientações acerca das atividades de pesquisa. Entendemos que esse momento, esse primeiro contato com atividades de pesquisa, não deva ser o único. Encorajamos você a continuar procurando entendimentos mais profundos e metas mais audaciosas em relação às suas atividades investigativas.

O conteúdo de ensino campo elétrico explorado na obra foi uma escolha do autor. Para futuras análises, você pode adotar outros temas tratados nos programas de pós-graduação, outra fonte de pesquisa ou, principalmente, a sua própria experiência docente.

Em relação aos pressupostos teórico-metodológicos escolhidos e utilizados nesta obra, entendemos que, entre outros inerentes às práticas pedagógicas, estes são de fundamental importância e praticamente obrigatórios quando o foco de investigação está delimitado pela criação e transmissão do conhecimento no ensino. No entanto, caso os utilizados aqui não forem os de seu interesse, há muitas outras possibilidades de pesquisa. Porém, destacamos as vantagens da perspectiva apresentada, pois posiciona o professor como protagonista na produção de texto de ensino e, ao mesmo tempo, oferece condições de refletir sobre as questões inerentes à criação do conhecimento científico e escolar.

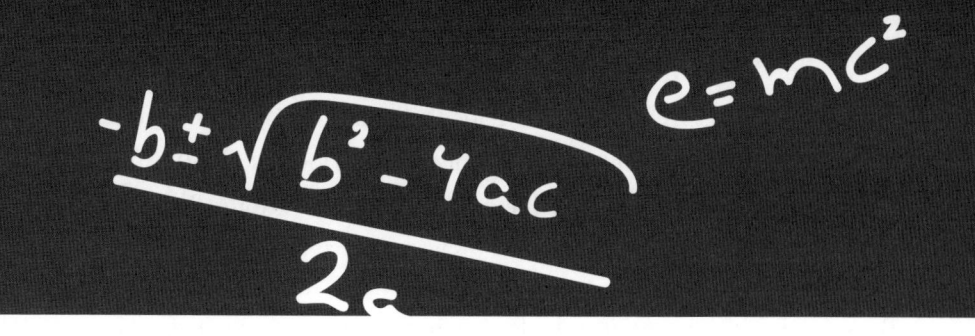

Referências

ALVES FILHO, J. de P.; PIETROCOLA, M.; PINHEIRO, T. de F. Nova transposição didática gera novas atividades experimentais. In: ENCONTRO DE PESQUISA EM ENSINO DE FÍSICA, 7., 2000, Florianópolis. **Atas**... Florianópolis: SBF, 2000. 1 CD-ROM.

ALVES-MAZZOTI, A. J.; GEWANDSZNAJDER, F. **O método nas ciências naturais e sociais**: pesquisa quantitativa e qualitativa. 2. ed. São Paulo: Pioneira Thomson Learning, 2002.

AMPÈRE, A. M. On The Mathematical Theory of Electrodynamics Phenomena, Experimentally Deduced. In: TRICKER, R. A. **Early Electrodynamics**: the First Law of Circulation. Oxford: Pergamon Press, 1965. p. 155-200.

BASSALO, J. M. F. As crônicas dos fenômenos elétricos e magnéticos clássicos. In: _____. **Crônicas da física**. Belém: Ed. da UFPA, 1992. v. 3.

BEN-DOV, Y. **Convite à física**. Rio de Janeiro: Jorge Zahar, 1996.

BRASIL. Lei n° 9.394, de 20 de dezembro de 1996. **Diário Oficial da União**, Brasília, 23 dez. 1996. Disponível em: <http://www.planalto.gov.br/ccivil_03/Leis/L9394.htm>. Acesso em: 19 maio 2008.

BRASIL. Ministério da Educação. Capes. **Portal**. Disponível em: <http://capes.gov.br/>. Acesso em: 24 mar. 2008.

BROCKINGTON, J. G. O.; PIETROCOLA, M. Serão as regras da transposição didática aplicáveis aos conceitos de física moderna? **Investigações em Ensino de Ciências**, Porto Alegre, v. 10, n. 3, dez. 2005.

CHEVALLARD, Y. **La transposición didáctica**: del sabe sabio al saber enseñado. Buenos Aires: Aique Grupo Editor, 1991.

COORDENAÇÃO DE APERFEIÇOAMENTO DE PESSOAL DE NÍVEL SUPERIOR – CAPES. **Cadernos de indicadores**. Disponível em: <http://www.conteudoweb.capes.gov.br/conteudoweb/CadernoAvaliacaoServlet>. Acesso em: 16 nov. 2007.

FARADAY, M. **Experimental Researches in Electricity**. Chicago: Encyclopaedia Britannica, 1952. p. 257-866. (Great Books of the Western, v. 45).

FORQUIN, J. C. Saberes escolares, imperativos didáticos e dinâmicas sociais. **Teoria e Educação**, Porto Alegre, n. 5, p. 28-49, 1992.

GABRIEL, C. T. Usos e abusos do conceito de transposição didática – considerações a partir do campo disciplinar de História. In: SEMINÁRIO PERSPECTIVAS DO ENSINO DE HISTÓRIA, 4., 2001, Ouro Preto. **Anais**... Ouro Preto: Ufop, 2001.

GARDELLI, D. **Concepções de interação física**: subsídios para uma abordagem histórica do assunto no ensino médio. 119 f. Dissertação (Mestrado em Ensino de Ciências – Modalidade Física) – Instituto de Física, Universidade de São Paulo, São Paulo, 2004.

LEITE, M. S. **Contribuições de Basil Berstein e Yves Chevallard para a discussão do conhecimento escolar**. 131 f. Dissertação (Mestrado em Educação) – Pontifícia Universidade Católica do Rio de Janeiro, Rio de Janeiro, 2004.

LINCOLN, Y. S.; GUBA, E. G. **Naturalistic Inquiry**. Londres: Sage Publications, 1985.

MARCONI, M. de A.; LAKATOS, E. M. **Fundamentos de metodologia científica**. 3. ed. São Paulo: Atlas, 1991.

_____. **Metodologia científica**. 5. ed. São Paulo: Atlas, 2007.

MARTINS, H. H. T. de S. Metodologia qualitativa de pesquisa. **Educação e Pesquisa**, São Paulo, v. 30, n. 2, p. 289-300, maio/ago. 2004.

MARTINS, R. de A. A dinâmica relativística antes de Einstein. **Revista Brasileira de Ensino de Física**, São Paulo, v. 27, n. 1, p. 11-26, jan./mar. 2005.

_____. Orsted e a descoberta do eletromagnetismo. **Cadernos de História e Filosofia da Ciência**, Campinas, n. 10, p. 89-114, 1986.

MÁXIMO, A.; ALVARENGA, B. **Curso de Física**. 4. ed. São Paulo: Scipione, 1999. p. 911-984. v. 3.

MAXWELL, J. C. **A Treatise on Electricity and Magnetism**. Oxford: Clarendon Press, 1973. 2 v.

MILLES, M. B.; HUBERMAN, M. A. **Qualitative Data Analysis**: a Source Book of New Methods. Londres: Sage Publications, 1984.

NEWTON, I. General Scholium. In: ____. **Mathematical Principles of Natural Philosophy**. [16--]. p. 371-372.

____. Mathematical Principles of Natural Philosophy. In: HUTCHINS, R. M. (Ed.). Chicago: Encyclopaedia Britannica, 1952. p. 1-372. (Great Books of the Western World 34).

NICOLLI JUNIOR, R. B.; MATTOS, C. R. Uma análise de livros didáticos de física das décadas de 50 e 60. In: ENCONTRO EE PESQUISA EM ENSINO DE FÍSICA, 10., 2006, Londrina. **Anais**... São Paulo: SBF, 2006.

ORSTED, H. C. Experiências sobre o efeito do conflito elétrico sobre a agulha magnética. **Cadernos de História e Filosofia da Ciência**, Campinas, n. 10, p. 115-122, 1986.

PARANÁ. Secretaria de Estado da Educação. **Documento Síntese** – Proposta pedagógica do Programa de Desenvolvimento Educacional – PDE. Curitiba, mar. 2007. Disponível em: <http://www.pde.pr.gov.br/modules/conteudo/conteudo.php?conteudo=6>. Acesso em: 22 maio 2008.

____. **Programa de desenvolvimento educacional**. Disponível em: <http://www.pde.pr.gov.br/arquivos/File/pdf/Eventos/Seminario_Integrador/Apresentacao_PDE4.ppt#4>. Acesso em: 29 maio 2008.

PENTEADO, P. C. M. **Física**: conceitos e aplicações. São Paulo: Moderna, 1998. v. 3.

PIETROCOLA, M. (Org.). **Ensino de Física**: conteúdo, metodologia e epistemologia numa concepção integradora. Florianópolis: Ed. da UFSC, 2001.

REITZ, J. R. et al. **Fundamentos da teoria eletromagnética**. Rio de Janeiro: Campus, 1991.

ROCHA, J. F. et al (Org.). **Origens e evolução das ideias físicas**. Salvador: Ed. da UFBA, 2002.

SILVA, C. C. **Da força ao tensor**: evolução do conceito físico e representação matemática do campo eletromagnético. 258 f. Tese (Doutorado em Ciências) – Instituto de Física Gleb Wataghin, Unicamp, Campinas, 2002. Disponível em: <http://webbif.ifi.unicamp.br/tesesOnline/teses/IF487.pdf>. Acesso em: 19 maio 2008.

SILVA, O. H. M. da. **A construção do conceito de campo elétrico**: da ciência física à física escolar. Dissertação (Mestrado em Educação) – Universidade Federal do Paraná, Curitiba, 2006. Disponível em: <http://www.ppgeufpr.pr.gov.br/arquivos/file/dissertacoes_2006/2006_martinsdasilva.pdf>. Acesso em: 23 maio 2008.

SIQUEIRA, M. R. da P. **Do visível ao indivisível**: uma proposta de física de partículas elementares para educação básica. Dissertação (Mestrado em Ensino de Ciências) – Faculdade de Educação da Universidade de São Paulo, São Paulo, 2006.

SOCIEDADE BRASILEIRA DE FÍSICA. **Portal**. Disponível em: <http://www.sbfisica.org.br/>. Acesso em: 19 maio 2008.

THAYER, H. S. (Ed.). **Newton's Philosophy of Nature**: Selections From His Writings. New York: Hafner, 1953.

TORT, C. A.; CUNHA, A. M.; ASSIS, A. K. T. Uma tradução comentada de um texto de Maxwell sobre a ação a distância. **Revista Brasileira de Ensino de Física**, São Paulo, v. 26, n. 3, p. 273-282, 2004.

UNIVERSIDADE DE BRASÍLIA. **Programa de pós-graduação em Ensino de Ciências da UnB**. Disponível em: <http://www.unb.br/ppgec/index.htm>. Acesso em: 19 maio 2008.

UNIVERSIDADE DE SÃO PAULO. **Programa de pós-graduação Interunidades em Ensino de Ciências**. Modalidades: Física, Química e Biologia. Disponível em: <http://www.if.usp.br/cpgi/cpgi.htm>. Acesso em: 19 maio 2008.

UNIVERSIDADE ESTADUAL DE LONDRINA. **Programa de pós-graduação em Ensino de Ciências e Educação Matemática**. Mestrado e doutorado. Disponível em: <http://www2.uel.br/cce/pos/mecem/>. Acesso em: 19 maio 2008.

UNIVERSIDADE ESTADUAL PAULISTA "JÚLIO DE MESQUITA FILHO". **Programa de pós-graduação em Educação para Ciência**. Disponível em: <http://www2.fc.unesp.br/PosCiencia/>. Acesso em: 19 maio 2008.

UNIVERSIDADE FEDERAL DA BAHIA; UNIVERSIDADE ESTADUAL DE FEIRA DE SANTANA. **Programa de pós-graduação em Ensino, Filosofia e História das Ciências**. Disponível em: <http://www.ppgefhc.ufba.br/>. Acesso em: 19 maio 2008.

UNIVERSIDADE FEDERAL DE SANTA CATARINA. **Programa de pós-graduação em Educação Científica e Tecnológica**. Disponível em: <http://www.ppgect.ufsc.br/>. Acesso em: 19 maio 2008.

UNIVERSIDADE FEDERAL DO RIO GRANDE DO NORTE. **Programa de pós-graduação em Ensino de Ciências Naturais e Matemática.** Disponível em: <http://www.ppgecnm.ccet.ufrn.br/>. Acesso em: 19 maio 2008.

UNIVERSIDADE FEDERAL DO RIO GRANDE DO SUL. **Programa de pós-graduação Educação em Ciências**: Química da vida e saúde. Disponível em: <http://www.ufrgs.br/ppgeducacaociencias/>. Acesso em: 19 maio 2008.

_____. **Programa de pós-graduação em Ensino de Física.** Disponível em: <http://www.if.ufrgs.br/ppgenfis/>. Acesso em: 19 maio 2008.

UNIVERSIDADE FEDERAL RURAL DE PERNAMBUCO. **Pós-graduação em Ensino de Ciências.** Disponível em: <http://www.pge.ufrpe.br/index.html>. Acesso em: 19 maio 2008.

VERRET, M. **Le temps des études.** Tese. Atelier reproduction des thèses, Université de Lille III, Paris, 1975.

WEBBER, M. C. M. **Inserção de mecânica quântica no ensino médio**: uma proposta para professores. 138 f. Trabalho de conclusão de curso (Mestrado profissional em Ensino de Física) – Instituto de Física, Universidade Federal do Rio Grande do Sul, Porto Alegre, 2006.

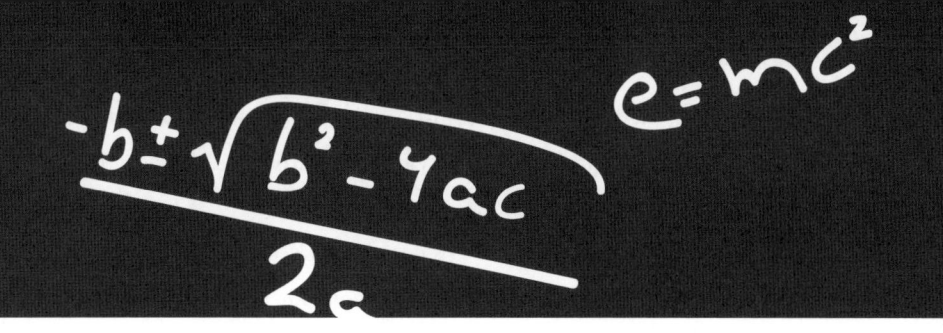

Bibliografia comentada

CHEVALLARD, Y. **La transposición didáctica**: del saber sabio al saber enseñado. Buenos Aires: Aique Grupo Editor, 1991.

Este livro apresenta a transposição didática como uma teoria que descreve as transformações sofridas pelo conhecimento ao passar da esfera acadêmica para o âmbito escolar. O autor mostra como surgiu o conceito de transposição didática, justificando a sua existência e descrevendo os fenômenos didáticos associados a essa teoria.

ALVES-MAZZOTI, A. J.; GEWANDSZNAJDER, F. **O método nas ciências naturais e sociais**: pesquisa quantitativa e qualitativa. 2. ed. São Paulo: Pioneira Thomson Learning, 2002.

Esta obra apresenta os fundamentos necessários à compreensão do método científico nas ciências naturais e sociais. Os autores descrevem esse método, de forma crítica e teórica, de acordo com os pressupostos filosóficos dos pensadores envolvidos com as ciências naturais e sociais e tratam dos paradigmas associados à pesquisa científica e ao planejamento de pesquisas qualitativas.

PIETROCOLA, M. (Org.). **Ensino de Física**: conteúdo, metodologia e epistemologia numa concepção integradora. Florianópolis: Ed. da UFSC, 2001.

O livro citado é resultado de um trabalho de pesquisa em formação continuada desenvolvido com professores da educação básica. A obra reúne diversos temas para o ensino de Física e os apresenta de forma contextualizada em relação à escola, a saber: concepções alternativas de estudantes, o uso da história da ciência, os modelos e a modelização didática, a transposição didática, problemas e problematização e as relações entre ciência, tecnologia e sociedade.

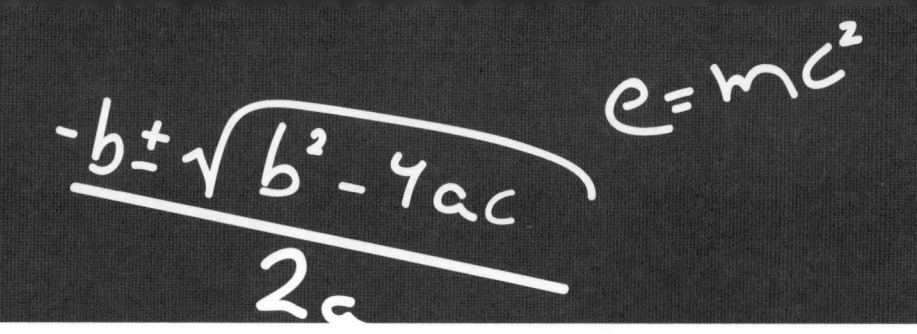

Gabarito

Capítulo 1

Atividades de Autoavaliação

1. c
2. b
3. c
4. d
5. d

Questões para Reflexão

1. As ideias centrais dos métodos indutivo e hipotético-dedutivo apontadas no texto são:
Indutivo:
~ observação e análise dos fenômenos naturais e elaboração de premissas e de suas respectivas verificações por meio da experimentação, levando a generalizações e a formulações de leis gerais matemáticas;
~ esse método parte do particular para o geral.

Hipotético-dedutivo:
~ elaboração de conjecturas ou hipóteses, por meio de conhecimento prévio e da sua respectiva verificação e avaliação crítica da comunidade científica – **falseamento das hipóteses** propostas, quando estas poderão ser refutadas. Caso isso aconteça, elaboram-se outras hipóteses e se seguem novos testes, caso contrário, as hipóteses são corroboradas.

As duas diferenças, contidas no texto, entre os métodos indutivo e o hipotético-dedutivo são:
~ na indução, por meio das premissas, chega-se a generalizações e a formulações de leis, enquanto no método hipotético-dedutivo se parte de conjecturas ou hipóteses que podem levar à generalizações e à formulação de leis;
~ na indução, as conclusões são consideradas como verdades, enquanto no método hipotético-dedutivo as conclusões podem ser refutadas e/ou corroboradas.

2. Seguem os argumentos favoráveis e contrários às críticas:
Aproximação entre o sujeito e o objeto de pesquisa:
~ Argumento favorável: melhores condições para definir o objeto de pesquisa.

~ Argumento adverso: possibilidade de se estabelecer vínculos fora do âmbito da pesquisa.

Os resultados não servem de base para generalizações:
~ Argumento favorável: são significativos para aquele problema específico.
~ Argumento adverso: está na afirmativa da questão.

Capítulo 2

Atividades de Autoavaliação

1. V, F, V, F
2. b
3. d
4. d
5. c

Questões para Reflexão

1. A seguir, estão os momentos da investigação científica, considerando o título, o problema e os objetivos do pré-projeto, o projeto e o trabalho final.

Pré-projeto de pesquisa

~ Título: "As principais dificuldades de ensino e aprendizagem no ensino de Física nas escolas públicas e particulares". O que, efetivamente, está se ensinando e qual o nível e a finalidade desse ensino.
~ Problema: não apresenta um problema, no entanto, a pesquisa a ser desenvolvida consistia em um trabalho que visava à compreensão completa e cabal do ensino de Física praticado nas escolas

daquela cidade, como também à eficiência desse ensino associada aos objetivos determinados pelas instituições e relacionados pela Lei de Diretrizes e Bases da Educação Nacional.

~ Objetivos: realizar um estudo acadêmico que venha revelar a organização e a funcionalidade do ensino em Física nas escolas, principalmente das públicas. Como também aferir as suas deficiências e/ou qualidades, eficiência e as suas finalidades.

O projeto

Inicialmente, o projeto de pesquisa estava sendo elaborado sob a temática da prática docente no ensino de Física, porém, ao longo da sua constituição, voltou-se para as questões relacionada à formação docente e aos objetos de ensino na Física escolar.

~ Título inicial: "Ensinar Física ou Matemática? Análise do papel da resolução de problemas no ensino de Física".

~ Problema proposto inicialmente: até que ponto o caráter fortemente algébrico nas resoluções dos problemas influenciam e distorcem o processo de ensino e de aprendizagem na disciplina de Física.

~ Título definitivo: "O docente de Física na sua ação pedagógica".

~ Problema proposto: como o professor na sua atividade docente seleciona, prepara e ensina alguns conteúdos de Física para os educandos? Ou seja, como o professor, no domínio da transposição didática, faz do saber a ensinar objetos de ensino ou saber escolar e como ele ensina este conteúdo?

~ Objetivos: revelar quais são as influências das atitudes dos docentes na ação curricular e na sua prática pedagógica no ensino de Física, sabendo que, em parte, os problemas relativos a esse ensino ocorrem no domínio da ação pedagógica do professor. Ou de outra forma: analisar e compreender a ação pedagógica do professor quando ele se propõe a ensinar conteúdos de Física. Ou seja, conhecer o modo como professor se apropria do saber a ensinar e o transforma em um saber a ser ensinado e como ele ensina esse saber.

Trabalho final
~ Título: "A construção do conceito de campo elétrico: da ciência física à física escolar".
~ Problema: as questões a serem investigadas dizem respeito à criação do conceito de campo elétrico e à sua relação com o ensino na Física escolar.
~ Objetivos: analisar como foi constituído e como está posto o conceito de campo elétrico nas esferas do saber a ensinar e do saber ensinado.

2. Os problemas e os objetivos da investigação apresentados deverão estar claramente definidos, ou seja, não possibilitar mais de um foco de pesquisa. A razão da pesquisa deverá estar embasada numa realidade que justifique o empenho do projeto.

Capítulo 3

Atividades de Autoavaliação
1. d
2. V, F, V, V
3. d
4. d
5. V, F, V, F

Questões para Reflexão

Os textos deste item deverão apresentar uma construção própria que contenha informações sobre o conteúdo e o autor da obra resenhada e, também, a apreciação crítica desenvolvida pelo leitor e as referências bibliográficas.

Capítulo 4

Atividades de Autoavaliação

1. d
2. V, F, V, F
3. d
4. b
5. V, F, V, V

Questões para Reflexão

1. Concepção sobre as interações de forças entre os corpos dos respectivos autores:
   - ~ Newton: diz não saber a razão que leva os corpos a interagirem.
   - ~ Coulomb: diz que a interação é uma ação direta a distância.
   - ~ Orsted: diz que a interação elétrica é devido ao conflito elétrico.
   - ~ Ampère: diz que a interação é uma ação direta a distância.
   - ~ Faraday: diz que a interação se dá por meio da ação do campo de forças.

2. A resenha deverá apresentar um relato da constituição do conceito de campo elétrico, desde os primeiros fenômenos observados pelos gregos até à formulação final do conceito de campo desenvolvido por Faraday.

Capítulo 5

Atividades de Autoavaliação

1. V, F, V, F
2. c
3. b
4. F, V, V, V
5. V, V, F, F

Questões para Reflexão

1. O leitor deverá fazer uma apreciação sobre o método experimental desenvolvido por Faraday e também sobre a opção teórica desenvolvida pelos matemáticos, destacando – segundo o leitor – os aspectos positivos e negativos desses métodos.
2. Ainda em relação à questão anterior, o leitor deverá apontar quais aspectos positivos e negativos sobre o ensino do conceito de campo elétrico.

Capítulo 6

Atividades de Autoavaliação

1. d
2. c
3. V, V, V, V
4. 2, 1, 2, 3
5. 1, 2, 1, 3

Questões para Reflexão

1. O leitor, em seu comentário, deverá apresentar as informações reunidas nos quadros e parágrafo a seguir.

Fenômenos físicos associados ao conceito campo elétrico
- ~ *Beatriz Alvarenga – Curso de Física*: os fenômenos eletrostáticos associados ao âmbar descobertos pelos gregos. As descobertas de William Gilbert em relação a outras substâncias que se comportavam como o âmbar, quando atritadas. O fenômeno da repulsão elétrica observado por Nicolo Cabeo. Os fenômenos de eletrização: quando se atrita uma régua de plástico com uma seda, um pente com o cabelo ou uma roupa de náilon com o nosso corpo.
- ~ *Penteado – Física, conceitos e aplicações*: a origem da palavra *eletricidade*, associada ao âmbar. A descoberta por William Gilbert de outras substâncias que apresentam propriedades elétricas.

Formas de introdução do conceito de campo elétrico
- ~ *Beatriz Alvarenga – Curso de Física*: ilustração + definição e/ou constatação + expressão matemática (usada, também, como definição)
- ~ *Penteado – Física, conceitos e aplicações*: questionamento + definição e constatação + expressão matemática (construída por meio de uma sentença)

Em relação à natureza física do campo elétrico, não se afirma fisicamente o que é o campo elétrico, apenas a ocorrência do fenômeno é demonstrada e a sua formulação matemática é apresentada.

2. As respostas das questões deste item são respondidas a seguir:
Por meio da descoberta por Orsted sobre o efeito da corrente elétrica ao redor do fio condutor, desenvolveu-se uma discussão sobre as explicações desse fenômeno. O fenômeno observado constitui-se no aparecimento de um campo magnético ao redor do fio condutor, quando era percorrido por uma corrente elétrica.
Essa situação levou os cientistas da época a buscarem uma explicação científica para o fenômeno físico. Dois cientistas se destacaram

nessa empreitada – André-Marie Ampère e Michel Faraday.

As equações que representam, matematicamente, o campo elétrico são relacionadas a seguir.

~ Equação do vetor campo elétrico para uma carga puntual

$$\vec{E} = k \frac{q}{r^3} \vec{r} \quad (2)$$

~ Equação do vetor campo elétrico para uma carga de prova q

$$\vec{E} = \lim_{q \to 0} \frac{\vec{F_q}}{q} \quad (3)$$

~ Equação do vetor campo elétrico para uma distribuição de cargas puntuais

$$\vec{E}(\vec{r}) = \frac{1}{4\pi\varepsilon_0} \left\{ \sum_{i=1}^{N} q_i \frac{\vec{r} - \vec{r_i}}{|\vec{r} - \vec{r_i}|^3} + \int_v \frac{\vec{r} - \vec{r'}}{|\vec{r} - \vec{r'}|^3} \rho(\vec{r'}) dv' + \int_s \frac{\vec{r} - \vec{r'}}{|\vec{r} - \vec{r'}|^3} \sigma(\vec{r'}) da' \right\} \quad (4)$$

~ Lei de Gauss na forma integral

$$\oint_s \vec{E} \cdot \vec{n} \, da = \frac{1}{\varepsilon_0} \int_v \rho \, dv \quad (5)$$

~ Lei de Gauss na forma diferencial

$$\nabla \cdot \vec{E} = \frac{1}{\varepsilon_0} \rho \quad (6)$$

~ Equação do vetor campo elétrico em função do potencial elétrico

$$\vec{E} = \nabla \varphi \quad (7)$$

Em relação às linhas de força, o seu papel na constituição do conceito de campo foi de constituir um modelo físico que representasse o campo (elétrico e magnético) com as suas respectivas propriedades físicas.

3. Alguns aspectos significativos dos textos analisados estão relacionados a seguir:

~ No livro *Beatriz Alvarenga – Curso de Física*, a conceituação de campo é desenvolvida por meio de uma figura que ilustra a ação das forças elétricas agindo sobre as cargas, em que diz existir um campo elétrico. Já o livro *Penteado – Física, conceitos e aplicações* usa o modelo de linhas de força, mas afirma que as forças atuam a distância. Nos dois livros, as linhas de força são utilizadas como recurso para a visualização do campo, e não como ponto de partida para a elaboração conceitual de campo elétrico.

~ No livro *Beatriz Alvarenga – Curso de Física*, os autores definem o campo elétrico, calculam por meio de equações, mas não informam quem introduziu e formulou o conceito de campo elétrico, apesar de trazerem uma nota sobre Michael Faraday. No entanto, dizem que foi Faraday quem introduziu as linhas de força com a finalidade de representar o campo elétrico.

~ Quanto ao contexto da criação e do desenvolvimento matemático do conceito de **campo elétrico**, não fazem nenhuma abordagem contextual, como também não citam a grande problemática das interações entre os corpos, que é a ação de forças a distância.

~ No livro *Penteado – Física, conceitos e aplicações*, o autor propõe o ensino do conceito campo elétrico por meio do modelo de forças de campo. Reconhece que foi Faraday quem introduziu o conceito de **campo elétrico**, mas não diz quando e por que foi criado nem qual a problemática em que estava inserido e quem estava envolvido. Em relação à formulação matemática do conceito, o autor desenvolve um percurso que leva a uma equação que resulta em uma expressão, cuja constante é denominada de **vetor campo elétrico**.

As linhas de força são definidas pelo autor, que não informa a sua filiação. Afirma apenas que esse conceito será um recurso na visualização do campo elétrico.

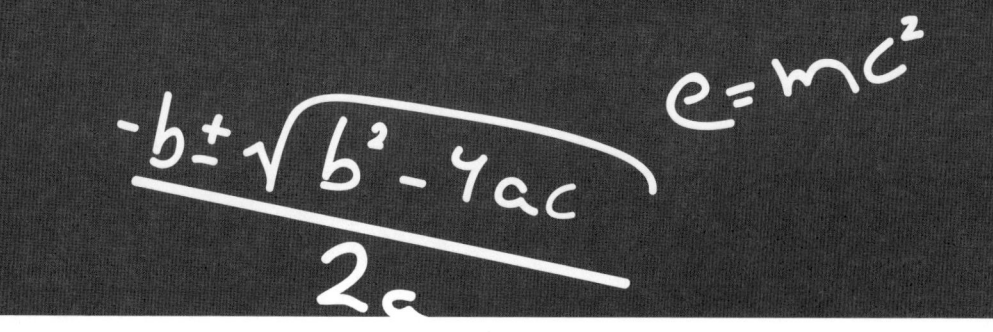

Nota sobre o autor

Otto Henrique Martins da Silva é bacharel e licenciado em Física pela Universidade Federal do Paraná – UFPR (2002), licenciado em Matemática pela Pontifícia Universidade Católica do Paraná – PUCPR (1999), possui especialização em Matemática pela UFPR (2005) e mestrado em Educação pela mesma instituição (2006). É professor concursado da Secretaria de Estado da Educação do Paraná – Seed-PR e, atualmente, está em atividade no Programa de Desenvolvimento Educacional do Paraná – PDE-PR e no curso de pós-graduação em Metodologia do Ensino de Matemática e Física a distância pelo Centro Universitário Uninter. Possui mais de 15 anos de docência na educação básica e é coautor de um livro didático de Física da Seed-PR.

Impressão: Maxi Gráfica
Agosto/2015